녹차 문화를 말한다

녹차 문화학 · 녹빛차 인문학

녹차 문화를 말한다

차샘 최정수

그루

들어가는 말

  한국홍익다도대학원 이사장으로 재임하면서, 심화 과정을 이수하는 다도 사범들을 위해 '녹빛차[1]' 문화를 연구·기획하여 특별 교재로 『녹차록(綠茶錄)』을 만들었다. 평소 녹빛차 문화에 숨겨진 신비하고 다양한 비밀을 하나하나 캐내고 싶은 강렬한 호기심에서 시작했다. 한편으로는 녹빛차 문화를 소중하게 생각하고, 차를 사랑하는 의지의 구수(久修) 차인들을 위해서라도 심혈을 기울이고 싶었다. 여기에 수록된 25편의 녹빛차 이야기를 통해서, 다도 문화를 좀 더 깊이 볼 수 있는 절호의 기회가 되었으면 좋겠다. 또한 핵심 글들이 수학하는 여러 다도 사범을 위한 특강 외에도, 색다른 측면에서 조명한 녹차 전반에 관한 전문 필독서라 감히 말할 수 있겠다.

  예로부터 '녹차는 마법의 액체'이다. 즉 차의 독특한 성분 때문에 현묘한 찻물을 '마법의 액체'라 했다. 유구한 다도 문화 속에 내

---

[1] '녹차(綠茶)'를 우아하게 이르는 말.

재되어 있는 차 정신은, 차인에게 깨달음을 주는 '잠언의 말씀이요, 무언의 참 다훈(茶訓) 정신'이 고스란히 담겨 있다. 이러한 다도 문화에 제대로 빠져 보면, 삶이 긴장되고 차심(茶心)이 훨씬 깊어질 수 있다. 그리고 차를 처음 접하는 분께도 도움이 되도록, 새로 정리한 내용으로 출판하기 위해, 이름을 달리 명명(命名)하여 제호(題號)를 『녹차 문화를 말한다』로 정하여 다서(茶書)를 꾸며 보았다.

이제 초보자와 전문인에게 좋은 반려자가 되고, 나아가 우리나라 차 교육과 차 보급에 유익할 뿐 아니라, 차 세계에 대한 작은 길잡이가 될 수 있다면, 필자로서는 더없이 좋겠다. 이번에 많은 관심을 가지시고, 책을 책답게 만들어 주신 그루출판사 이은재 대표님과 편집진, 그리고 제자 다미 이재윤 사범에게도 고맙다는 인사를 드립니다.

저자의 변(辯)

갑진년(甲辰年) 구산시정(丘山詩亭)에서

차샘 최정수(崔正秀) 다배(茶拜)

차례

004	들어가는 말
008	차 인문학 탐구_다도 문화로 가는 길
010	다서 소개_신(新) 다도 수신서(茶道 修身書)
012	녹차 문화의 세계_건강을 위해 녹차 문화를 즐기자
014	**가족다도** • 차실의 비밀 • 가족 인연
019	**기원다도** • 차주문(茶呪文)
025	**독락다도** • 독락선다도(獨樂禪茶道) • 차인에게 가장 가치가 높은 것 • 독차 다훈록(獨茶茶訓錄) • 독차십훈(獨茶十訓) • 茶詩—코로나 전쟁 • 茶詩—독차(獨茶)·1 • 茶詩—독차(獨茶)·2
037	**문화·예술다도** • 다선일여(茶禪一如)
041	**민족다도** • 예란 무엇인가 • 茶詩—새봄에 • 茶詩—다원 풍경(茶園風景)
046	**삶의다도** • 인간 세상의 일들
051	**생활다도** • 끽다법어(喫茶法語) • 끽다유 생활 • 생활 속 다도
059	**선비다도** • 茶詩—다선불이(茶禪不二)
064	**성찰다도** • 성찰하는 삶
068	**소통다도**
071	**심신다도** • 마음을 다스리는 법

표지 사진 | 차나무 분재

075　여성다도
　　　• 다기(茶器) 부부연(夫婦緣)

079　오감(五感)다도
　　　• 유좌지기(宥坐之器)

082　웰빙다도
　　　• 테라피 다도 • 솔루션 다도

085　인성다도

088　자연다도
　　　• 녹빛차 사랑 • 차는 마실수록 좋다 • 도법자연(道法自然)

095　전통다도

098　정서다도
　　　• 茶詩―차 한잔

102　정신다도

105　차인다도
　　　• 혼용무도(昏庸無道)

108　취미다도
　　　• 차마음으로 전하는 깨달음

111　행복다도
　　　• 차문화를 통한 실천덕목 • 우리 차문화 • 다덕(茶德)의 힘

116　홍익미학다도
　　　• 차의 매력 찾기

119　화랑다도
　　　• 나의 차정신 • 차를 사랑하면 번뇌에서 벗어난 삶이 된다

124　효도다도
　　　• 茶詩―茶를 하면서

129　심화반 차 수업을 마치면서

130　저자의 주요 경력

차 인문학 탐구

다도 문화로 가는 길

녹빛차 문화학의 처음부터 완성까지

'조용히·조금씩·천천히'[1]

심호흡하며 쌓아올린 다도 문화.

다도 문화는 밝게 알고 올바로 행하게 하는

생명력이 있는 정신문화요, 전통 무형 문화로써

영원히 흘러가는 것.

이제 그 향기로운 녹빛차 문화의 이름들이

차인의 가슴에 새로움으로 와닿는다.

---

[1] 본원의 행다법으로 '삼음법(三飮法)'이란, 차 한잔을 마실 때 '조용히', '조금씩', '천천히' 음다(飮茶)를 하면서, 음미하는 것을 말한다. 비록 작은 찻잔이지만, 차 마실 때의 유의할 점을 이른 말이다. 아울러 '삼분법(三分法)'은, 기본적으로 한 잔의 차를 세 번 나누어 마시는데, 첫 번째 초음은 흉배(공경), 두 번째 중음은 천원배(화합), 세 번째 종음은 하복배(감사)의 순으로 마신다. 음다(끽다) 삼분법에도 일상 속 차생활을 하면서, 실천할 수 있는 좋은 의미가 담겨 있다.

"녹차를 스물다섯 종류로 분석하여 수록한
다도 문화학의 독보적인 차 이야기에는
한국 차계에서 최초로 공개되는 놀라운
차의 비밀이 담겨 있다."

다서 소개

신(新) 다도 수신서(茶道 修身書)

　차를 통한 수신서는, 차성(茶性)과 차정신과 다도 문화를 통해서 자기 성찰·자기 수양을 크게 진일보하도록 북돋아 준다. 또한, 따뜻한 차 한 잔이 건강한 심신을 도와 선심이나 차심을 기를 수 있게 할 뿐만 아니라, 선차 수행까지 포함해서 마음의 깨달음인 등각(等覺)을 얻는 데, 무엇보다 도움이 되는 차향 가득한 다서(茶書)가 되었으면 한다. 차를 사랑하는 차인으로 녹빛차(綠茶, Nokcha)를 주제로 하고, 그 전체를 나름대로 헤아릴 수 있게끔, 다양하게 세분화하여 전개하였다.

　평소 역대 차 성현들의 발자취를 잘 익히고, 나아가 맑은 차를 다반사로 음미하는 다도가(茶道家)의 도리로써, 어두운 면이나 과욕을 멀리하고, 고매한 인품과 올바른 언행을 제대로 실천하도록 하는, 종합적인 '다도 수신서'라 할 수 있다.

아무쪼록 여기에 수록된 내용들을 통해 차와 자연을 닮아 가려는 노력과 일상생활 속에서 교양과 정서와 나를 찾기 위한 배움의 깊은 의미로 받아들이면 더욱 좋겠다. 전반적으로 유종의 미학에는 미흡한 부분이 있지만, 진심으로 많은 차 애호가와 차인들의 관심과 성원 있기를 간곡히 바란다.

녹차 문화의 세계
건강을 위해 녹차 문화를 즐기자

한국 문화
|
전통 문화
|
다도 문화
|
녹차 문화(녹빛차 문화)
|

독	선	심	오	웰	인	정	차	취	행	화	효
락	비	신	감	빙	성	신	인	미	복	랑	도
다	다	다	다	다	다	다	다	다	다	다	다
도	도	도	도	도	도	도	도	도	도	도	도

|
|
—전체를 25종으로 분류한 다도 문화—

"녹빛차 속의 다도 문화와
녹빛차 속의 특별한 이야기를 이어 가면
한국 다도 문화의 가치가 완성된다."

가족 다도(家族茶道)

　가상다반(家常茶飯)¹이란, 일상적으로 집에서 마시는 차를 일컫는 말이다. 즉 가족을 위한 건강과 축복의 차생활을 의미한다. 가정은 아름다운 보금자리요, 가족의 밝고 우아한 모습과 행복이 있는 곳이며, 늘 풍만한 사랑과 섬김이 있고, 가족의 예절 교육과 올바른 실천 문화의 현장이기도 하다.

　늘 가족의 소중함을 잊지 않기 위한 노력으로 유휴 공간 등을 활

---

1 가상다반(家常茶飯) : 집에서 먹는 평소의 식사와 차라는 뜻으로, 일상사나 당연지사를 이르는 말이다[충효다반(忠孝茶飯) : 나라의 충성과 부모님께 효도는, 늘 차와 밥 먹듯이 해야 옳은 것이다 / 실한다미청(室閑茶味淸) : 방안이 조용하니(한가로우니), 차 맛이 더욱 맑고 좋다 / 가화만사성(家和萬事成) : 집안이 화목하면 만사가 잘 되어 간다 / 부자자효(父慈子孝) : 부모는 자녀에게 자애롭고, 자녀는 부모에게 효도를 다해야 한다 / 여족여수(如足如手) : 형제는 서로를 자기의 손발처럼 아껴야 한다 / 불식지보(不食之報) : 자손을 돌보아 주는 조상의 음덕을 말한다 / 화기만당(和氣滿堂) : 화목한 기운이 집 안에 가득하다 / 심개다도(心開茶道) : 차를 통해 차 마음(茶心)을 만나다. 마음의 문을 열면 다도로 통한다 / 동방예의지국(東方禮儀之國) : 예의의 나라로서 예를 갖추는 민족이다 / 무다불성례(無茶不成禮) : 예법을 실행하는 데 차가 없으면 불가능하다].

용한 차실이 있으면 더욱 좋겠다. 그리고 무엇보다 차실이 생기면, 차가 있는 문화 공간을 보다 가치 있게 잘 활용하도록 해야 한다. 차 문화가 있는 가정은 어느 가정보다도 더욱 화목할 수 있으며, 특히 차인지가(茶人之家)에서 편안한 차안지심(茶安之心)을 얻을 수 있어 좋다.

가정은 안전하고 친근한 삶이 존재하는 곳이며, 나아가 행복한 차 분위기를 누리고 있는 가족 다도의 좋은 산실이다. 그리고 차나 다도를 제대로 알면, 정말 의미 있는 문화생활을 하게 되므로 누구나 삶의 질이 높아진다고 볼 수 있다.

또한, 속계(사바세계 : 娑婆世界)의 아름다움은 바로 차실에 있다고 한다. 차실은 가족의 다양한 세계를 보여주는 내면의 문화 공간이기도 하며, 차 공부나 사색하는 차인의 생활 공간이자 가족의 소우주 공간이다.

차는 가족의 건강은 물론이거니와, 삶과 아주 밀착된 예절 문화다. 예절 다도에서 '예시예종(禮始禮終)·예입예필(禮入禮畢)'이란, 모든 일은 반드시 '예로 시작해서 예로 끝낸다.'란 뜻이다.

오늘날 복잡한 세상에서 자기도 모르게 발생하는 심신의 피로를 차 한 잔으로도 충분히 해결할 수 있다. 가족이 자연스레 차를 통한 다담으로 소통하거나, 홀로 독차(獨茶)를 통해 명상에 잠길 수도 있다. 이것이 곧 우리가 사는 신성한 삶의 의미가 될 수 있지 않을까.

차생활 속에서 다도의 묵례(默禮)는, 음악의 기호(소리표)인 음표(音標)처럼 하나의 '신호'에 해당하듯이 '묵례'도 하나의 예에 해당하는 '신호'라고 할 수 있다. 평소 차생활에서 차를 우려 추출할 때는 '차가 주인공이고, 차를 마실 때는 차인이 주인공이며, 차를 음미한 뒤에는 깨어 있는 맑은 마음이 주인'이라고 했다.

다도 생활을 통해, 차의 문화가치와 삶의 가치를 잘 깨달아 터득하자. 또한, 차인은 차인답게 예의를 갖추고 겸손하게 살아야 하며, 언제나 존경받는 삶을 살아야 한다. 일상에서도 실천을 분명히 하게끔 하자. 그리고 모든 것은 명확한 말이나, 행동으로 이야기하자. 즉 말은 조심하고, 실천은 바르게 하여, 우리가 사랑하는 다도 문화를 가슴 깊이 심어서 제대로 잘 가꾸자. 결과적으로 우리 차인들은 의미 있고, 뜻있는 삶을 살아가도록 해야 한다.

〈차실의 비밀〉

상대방 인격에 관한 말은 함부로 하지 말아야 한다. 생각 없이 뱉어 버린 인격 모독은 상대에게 씻을 수 없는 분노와 끝없는 모멸감을 안겨 주게 된다. 그리고 우리가 해야 할 말, 하지 말아야 할 말을 가려서 할 줄 알아야 한다. 개인 간에 대화를 진지하게 오래 하다가 보면, 소재에 따라 남의 이야기가 쉽게 포함될 수도 있다. 대화 중에 했던 말들은 타인에게 절대로 전하지 말아야 한다. 전하고 전달되는 과정에서 덧붙어 왜곡되고, 잘못 전해진 말 한마디가 평생 씻을 수 없는 오점으로 남게 되며, 안타깝게도 영원히 회복되지 않을 수 있다는 것을 알아야 한다.

—송태열 명상 노트 「말의 파장은 엄청나다」 중에서

위의 글 내용은 다도 사범들의 '윤리강령'에 해당하며, 차인들의 엄중한 '규약'이라 할 수 있다. 그래서 마음을 가꾸는 차인이 아무리 언변이 좋아도, '말·말·말' 말이 지나치게 넘쳐 대혼란의 바람이 불지 않도록, 늘 명심해야 한다. 옛말에 '명심하면 명심한 덕이 반드시 있다'라고 했다. 그리고 차실에서 있었던 일은 무조건 함묵(含默)해야 한다. 또한 좋은 말과 좋은 행동은 인생을 바꾼다고도 한다.

- 대화에도 질서가 있다. 끼어들기, 가로채기, 앞지르기는 3대 재앙이다. —모모의 좋은 글과 명언 「덕담의 기적」 중에서
- 지혜로운 사람은 본 것을 이야기하지만, 어리석은 사람은 들은 것을 이야기한다. —탈무드
- 돈으로 집을 살 수 있어도, 가정은 살 수 없다. 돈으로 시계는 살 수 있어도, 시간은 살 수 없다. —Peter Lives의 명언

〈가족 인연〉

가족이라는 말은
한마디로 대단한 말이다.
가족이라면 크나큰 운명적·숙명적 인연으로
만난다고 할 수 있다.

누구든 가족으로 만나 산다는 것은
대단히 행복할 뿐만 아니라, 무척이나 소중한 인연이며
성스러운 일이 아닐 수 없다.
어느 시인은 집을 방문하는 방문객이 온다는 것은
그의 과거와 현재와 미래와 더불어 오는 일이라 했다.
언제나 어떤 만남이든 만남의 인연을 최대한 고맙게 여기고
또한 각별하게 생각한다면
서로가 더없이 사랑하면서 살아야 할 것이다.
누군가 갑자기 그대를 찾아온다면
설령 불청객일지라도
그는 그 자신의 생애와 함께 오는 것이리라.
어쨌든
세상엔 쓸모없는 만남은 없도록 해야 한다.
특히, 사랑하는 아름다운 인연으로 만난다면
자신이 지닌 마지막 하나까지를
그에게 주는 것이 진정한 사랑이라 생각하면서…

기원 다도(祈願茶道)

    기원 다도 문화란, 건강과 장수를 기원하거나, 소원성취(所願成就)를 비는 다도 문화를 말한다. 평소 마음의 상처를 치유하기 위한 기원 차 문화와 잡귀[1]를 물리는 의식행위 등을 말하기도 한다. 우리 민속에서 '만사형통·소원성취·벽사·극락왕생'을 얻기 위한 하나의 전통문화이다. 차 문화에서도 차 의식으로써, 귀신을 쫓고 잡념을 없게 한다는 좋은 의미가 있다.

    일상생활에서 마음으로 바라는 일들이 잘 이루어지기를 비는 기원 차나 벽사문(辟邪文), 혹은 차신(茶神)과 조상님께 건강과 장수와

---

[1] 잡귀 편 : 일 년 중 밤의 길이가 가장 긴 동지(冬至) 때에 먹는 팥죽은, 시절식(時節食·冬至時食)이면서, 신앙적인 음식이다. 팥죽은 붉은색이며, 양기를 의미하기 때문에, 내 안의 나쁜 기운인 음기를 몰아낼 뿐 아니라, 집안의 액(厄)을 면할 수 있다. 팥죽을 솔잎에 적시거나 수저로 떠서, 대문이나 벽이나 구석진 곳에 발라, 역귀(疫鬼)나 잡귀(雜鬼)가 드나드는 것을 쫓아서 막는 주술적인 의미로 쓰였다. 이것이 풍속으로 전래 되어 내려오고 있으며, 동지팥죽을 동지죽(冬至粥), 동지두죽(冬至豆粥), 구수죽(口數粥, 섣달 스무 닷새 날 밤에 쑤어 먹는 붉은 팥죽)이라고 한다.

행복을 위한 차 주문이기도 하다. 우리가 진정으로 목마르게 바라던 것에 대해 기원하는 것은, 반드시 이루어 낼 수 있다는 뜻이다. 간절함은 하늘과도 통한다는 말이 있다.

새해에 펼치는, 신년 기원 하례 차회(新年祈願賀禮茶會)·추모 헌공다례제(헌다례 고유문·추도문)·차신제·제사를 모시는 차사(茶祀·祭文)·축하 의미의 고희연·장수를 기원하는 수연례·차수[2]연(茶壽宴)의 경축 진다례 의식·명절 때 차례(茶禮) 등을 올리는 것이, 모두 예의와 더불어 기원차 문화의 한 종류이다.

중국의 전래문화에서는, 차로 제사를 지내는 차 행사를 전차(奠茶)라 한다. 차는 하늘이나 신불 등에 공양하는 것으로써, 신선한 음료이자 정결을 의미하기도 한다. 그리고 신화에 나오는 차는, 신성한 물인 성수를 상징한다고 했다.

국가 의례 중에서, 외국의 원수인 국빈을 맞이하는 축하 행사에서 스물한 발의 예포를 쏜다. 의식에서 최고의 경의를 나타내기 위한 예포다. 서양에서 삼(3)과 칠(7)은 악귀를 물리는 행운을 상징하는 숫자다. 여기서 굳이 많은 힘을 들여 시끄러운 예포를 행하는 것은, 일종의 악마 퇴치의 큰 의미가 있다. 한마디로 무탈함을 위해 악마의 접근을 금지하고, 액운을 미리 막으려는 의도가 담겨 있기 때문이다.

---

[2] 차를 통한 수련 생활이 몸에 익숙해진 차인은 '차수를 누릴 수 있다고 한다. 차수는 장수를 뜻하며, 108세를 말하는 나이의 명칭이다. 또한, 100세를 상수(上壽)·백수(百壽)·기원지수(期願之壽)라 하며, 111세를 황수(皇壽), 120세를 천수(天壽)라 한다. '차신님이시여! 부디 차수를 누리게 하소서.'

차문화 역사상 차신(茶神)과 다성(茶聖)으로 추앙받음은 물론, 차성현에 해당하는 역사적인 인물들의 차 업적이 고스란히 전해지고 있다.

인류 최초로 찻잎의 발견을 통해 차문화가 시작되면서, 다조(茶祖·鼻祖)로 추앙받는 염제 신농씨(神農氏, 기원전 2737년), 면벽참선을 통해, 눈꺼풀을 던져 차나무(茶樹)를 탄생시켰다는 달마대사(6세기초경, 생몰년 미상), 무애차(無碍茶)를 주창하신 원효대사(617~686), 금지차(金地茶)의 창시자인 김지장(金地藏, 653~752), 선다지법(禪茶之法)을 제창하신 무상선사(684~762), 군신차의 으뜸인 충담사(8세기경, 생몰년 미상), 효심차의 시조인 고운 최치원(857~?), 차에 관한 여러 편의 시를 남긴 포은 정몽주(1337~1392), 관영다원을 운영한 점필재 김종직(1431~1494), 초암(草庵) 다도의 출발인 매월당 김시습(1435~1493), 차의 아름다움을 엮은 다부(茶賦)의 저자 한재 이목(1471~1498), 유배지에서 차생활과 더불어 많은 저서를 남기고, 다신계를 조직한 다산 정약용(1762~1836), 대흥사 일지암을 중건하고, 동다송을 저술한 초의선사(1786~1866), 귀양살이에서도, 유배 다도를 즐긴 추사 김정희(1786~1856), 홍익인간을 숭상한 의제 허백련(1891~1977), 식후 차를 세 번 마시게(飯後三巡茶)와 차를 우려 와라(염다래拈茶來)의 경봉선사(1892~1982), 다도무문의 효당 최범술(1904~1979), 끽다거래(喫茶去來)를 주창하신 일타선사(1929~1999) 등이다.

기원차 문화는 마음의 깊은 상처나 허전함을 치유하는 가장 아름다운 행위문화라고도 할 수 있다. 그리고 끽다 문화를 통한 수행의 의식차는 일상의 향기로 바뀌는 아름다운 삶이다.

삼재(三才)³ 문화에서 '천인지(天·人·地)'를 상징하는 문화가 있다. 하늘의 도(○, 天道)는 사계⁴인 '천계(天界)·지계(地界)·수계(水界)·양계(陽界)'와 모든 물체인 만물을 구성하는 사대 원소인 '지수화풍(地·水·火·風)'과 '밤·낮(晝夜)'을 어김없이 주간(主幹)하고, 땅의 도(□, 地道)는 사계인 '봄·여름·가을·겨울'을 주관(主管)하며, 사람의 도(△, 人道)는 사단⁵인 '인(仁)·의(義)·예(禮)·지(智)'의 본성을 회복하는 데 있다.

그리고 형이상학적인 세계관을 일컫는 이 말은, 달리 '천·지·인'

---

3 삼재 문화는 '천·지·인'의 의미를 담고 있다. 삼재는 우주와 인간세계의 기본적인 구성 요소이면서 다도의 측면에서, 천·인·지는 합일을 이루는 무결점 개념으로써, 서로가 의미 있는 보완 관계에 있다. 그리고 천·인·지 삼재는 음양오행 사상에서 3을 완전수라고 하며, 또한 길수요, 양수인 3의 결합은 가장 완성된 이미지를 형성한다. 또한, 삼재 다도는 삼다도 문화로써 '천·인·지'의 3박자 의미를 행다법에 담아서 활용하면 좋다고 하겠다.
천(天) : 하늘 숭배·조상 숭배·차성현 숭배요. 지(地) : 땅의 기운·생명 존중이며, 인(人) : 사람·수행자(차인)·화목·영광·차안지심(茶安之心)·부귀영화 등을 베풀고 나눈다는 삼재 문화이다.

4 사계(四界)·사대(四大)·사계(四季)·사단(四端) 등의 '사(4)'라는 숫자는, 지상의 세계와 질서를 뜻하며, 즉 완전성·전체성·공정성·합리성을 상징한다. 우리는 일상에서 알게 모르게 수많은 숫자에 의미를 부여하면서 살아가고 있다. 그리고 한마디로 만물의 근원은 수(數)라고도 한다.

5 사단(四端) : 사람의 본성에서 우러나는 네 가지 마음씨. 즉 사람이 마땅히 갖추어야 할 성품을 말한다. 사단의 '인·의·예·지'를 살펴보면, 인(仁) : 측은하게 여기는 마음. 즉 불쌍히 여겨서 언짢아하는 마음인 측은지심(惻隱之心). 의(義) : 불의를 부끄러워하고, 이득이 있는 일 앞에서 그것이 옳은가, 혹은 그른 것인가를 생각하는 마음인 수오지심(羞惡之心). 예(禮) : 남을 공경하고, 사양하고, 양보할 줄 아는 마음인 사양지심(辭讓之心). 지(智) : 옳고 그름을 제대로 분별하는 마음인 시비지심(是非之心)을 말한다.

의 세 글자가 조화를 이룰 때 비로소 인간 세상에 태평과 평화가 구현된다는 의미와도 상통한다.

  자고이래로 차를 두고 '불후의 명작'이라 했다. 예부터 정성이 담긴 차는 영혼과 육체를 위한 신묘한 차라는 뜻이다. 이런 의미에서 차를 일명 '불후의 차'라고 부른다.

  차는 심리적 자의식의 과잉으로 일어나는 분열감인 '자아 분열'을 막아줄 뿐만 아니라, 오히려 자아를 통일시키고, 나아가 '자아 확립'을 가능케 하는 묘약의 차이다. 그러므로 언제나 자아 확립을 위해 한치도 망설이지 말고, 내 삶에 대해 새로운 깊은 사색이나 생활의 시간을 찾아 꾸준히 노력해야 한다. 차생활은 자아 성찰의 시간이요, 자아 성찰의 좋은 자리다. 자기 성찰을 통해 내면을 제대로 들여다보자. 이제는 차 한잔 나누는 순간순간을 감사와 행복으로 느끼면서 사는 것이다.

  차문화 수업도 '자아 확립'을 위해 '다도·예절·인성'을 포함해서, 다채롭게 실속 있는 차 수업을 진행하는 것이 좋다.

〈차주문(茶呪文)〉

  거룩하신 차신님이시여!
  오늘 차신님께서 물려주신 그윽한 차를 음미합니다. 부디 차처럼 맑고 선한 삶을 살아갈 수 있게끔, 참다운 용기를 주소서.

저희도 자나 깨나 잊지 않고, 항상 정진하는 다도 생활을 열심히 하겠나이다. −일동 차경배(茶敬拜)−

위의 예문은, 일종의 기도문이라고도 하는데, 차를 마시기 전에 경건한 마음으로 차신께 먼저 헌다와 함께 기원을 드리는 차 주문이다.

독락 다도(獨樂茶道)

독락 다도란, 진짜 나를 만나기 위한 차생활 문화를 말한다. 나를 위한 다도 문화에서 홀로 마시는 차를 '혼차·독차·독락차'라고 한다. 혼차는 언제 어디서나 혼자만이 즐기는 독특한 차 생활이다. 그러나 차를 홀로 하는 것은 엄밀히 등각(等覺, 깨달음)이나, 신독[1]을 얻기 위함이다. 신독은 혼자 있을 때도 도리에 어긋남이 없도록 삼간다는 의미이다. 언제나 자기관리를 소홀하게 하면 안 된다. 차를 통한 깨달음이나, 신독은 선비의 수양법으로서 숨겨진 가르침이라 할 수 있다.

---

[1] 신독(愼獨)의 의미를 일상 속 생활을 통해 본다면, 대개 사람들 앞에서는 좋은 모습을 보이다가도 보이지 않는 곳에서는 다른 행동을 하는 경우가 참으로 많다. 다시 말해 아무도 없다고 마구 행동하는 경우가 꽤 많다. 유명한 사서(四書)에 해당하는, 언행의 경전인 대학(大學)과 치우침을 없게 하는 중정의 경전인, 중용(中庸)에 나오는 '신독'을 언제라도 잊지 말고 중시해야 한다. 그래서 차인들은 늘 한결같은 행동이어야 하고, 또한 변함없이 정직하고 배려가 넘치는 행동으로, 인정받고 존경받도록 해야 한다. 항상 매사에 삼가는 마음으로 처신해야 한다. 이것이 곧 차인의 향기가 아니겠는가.

예로부터 홀로 하는 차는 신의 경지라고 해서, 최고의 평가를 받았다. 이것은 오로지 최상의 경지를 맛볼 수 있기 때문이다.

조선 후기 한국 차의 근간을 만들고, 차신으로도 추앙받는, 초의선사(艸衣禪師, 1786~1866)가 엮은 다서가 바로 『다신전(茶神傳)』이다. 이 다서는 우리에게 고전 필독서로써, 차 마시는 경지를 알 수 있다. "홀로 차를 마시면 신(神), 둘이면 승(勝), 서넛이면 취(趣), 오륙 명이면 범(泛), 칠팔 명이면 시(施)"라고 했다.

또한, 조선 전기의 문신이며, 우리나라 고전 다서로써 『다부(茶賦)』[2]를 저술한, 한재 이목(寒齋 李穆, 1471~1498)을 손꼽을 수 있다. 그리고 차계에 다부(茶父)로 잘 알려진 한재 선생은, 홀로 마시는 차를 '독철차(獨啜茶)'라고 했다.

슬기로운 차 생활로써 '독차유(獨茶遊)·독락풍류(獨樂風流)·차좌끽다(且坐喫茶)' 등이 있다. 잠시 앉아서 그윽한 차 한잔을 즐긴다는 뜻이다.

요즘은 언제 어디서나 혼자가 익숙한 시대라 할 수 있으며, 대개 혼자의 생활과 혼밥·혼차 생활을 즐기는 분위기라고 할 수 있다.

홀로 차를 마시는 혼차 생활은, 나만의 사색을 즐길 수 있는 최고의 문화생활이다. 혼자만의 차 시간에는 마음의 주인이 되어 스스로 완전한 행복을 찾기 위한 준비 과정이다. 어쨌든 독락 다도로

---

[2] 한재 이목의 『다부(茶賦)』에는, 차의 다섯 가지 공로(功勞), 차의 여섯 가지 덕성(德性), 차의 일곱 가지 효능(效能), 즉 '5공·6덕·7효능'에 관한 내용이 적혀 있다. 그리고 '다부'는, 1,332자로 완성된 고전 다서로, 우리들의 필독서이다.

마음을 잘 다스린 차인은, 한 송이 차꽃이 피듯 침묵하고 있어도 저절로 차향이 물씬 풍긴다고 하겠다.

  일상에서 차 한잔을 우릴 때도 정성을 다해야 하고, 차 한잔을 마실 때도 온전히 집중해서 마시도록 해야 한다. 그렇게 하다 보면 자연스레 자기를 성찰할 수 있고, 내면을 깊게 가꾸는 차 수행도 된다.

  지난 2019년 12월쯤 갑자기 코로나가 창궐하던 시국을 맞아서, 독차 즐기기를 생활화하는 모습을 많이 볼 수 있었다. 코로나 시대엔 삶 자체가 바로 엄청난 전쟁이요, 도전이었다. 그리고 "차는 코로나19를 이겨도, 코로나19가 녹빛차를 이길 수 없었다"라고 실토한, 어느 원로 차인의 말씀도 있었다. 그 분위기로 인해 당시 우리 차인들은 자긍심을 가져 보는 좋은 때이기도 했다. 전국의 신종 코로나 대재앙 시대에 무척 어렵고 힘든 사회생활을 보면, 마스크 사용은 물론, 거리두기와 비대면 시대였고, 또한, 참으로 암담한 고생 끝에, 2021년 11월 9일쯤 "위드 코로나 전환" 즉 일상 속 방역지침 완화를 들고서 나왔다. 다른 말로 '단계적 일상 회복'을 위한 조치를 하겠다고 정부가 발표하였다.

  이때 각자가 '코로나의 시대적 상황'을 자기 나름대로 정리하면, 이것 또한 산역사가 될 수 있나고 생각된다. 그리고 이 무렵 전국에 있는 차인이 국민의 건강을 위해 홀로 차마시기와 찻잔 하나 정도 지참할 것을 어느 때보다도 많이 권장했었다. 코로나19는 우리 일상에서, 특히 정신 건강에 무진장 큰 영향을 끼쳤다. 즉 우울·초조·긴장·불안·좌절·고립감·공포감·무서움·망설임·절망감 등을 끊임없이 유발할 수 있었기 때문이다. 이처럼 코로나가 만연하는 때일수록, 차인들은 녹차를 이용한 독락다도를 생활화함으로써, 자연스레 모든 것을 떨칠 수 있었다. 또한 고요함에 머물러 심신을 맑게 하는 차 시간을 가짐으로써, 불길한 요소들을 가볍게 해결할 수 있었다고도 하겠다.

누구나 바쁜 가운데서도 짬을 내어 녹빛차를 우리는 시간이 바로 제일로 가는 즐거움이요, 행복을 맛보는 아주 좋은 차 시간이 아닐까.

어쨌든, 예나 지금이나 사람의 심성을 아름답게 가꾸는 다양한 매력을 지닌 차와 차문화처럼, 우리도 버릴 것이 하나도 없는 멋진 차인으로 성숙했으면 한다.

- 무괴아심(無愧我心) : 내 마음에 부끄러움이 없도록 한다. —대학·중용
- 하늘을 우러러 한 점 부끄러움이 없다. —윤동주 시인

〈독락선다도(獨樂禪茶道)〉

나에겐 홀로 즐기는 독차(獨茶) 버릇이 있다. 반복되는 일상에서 차 마시는 것을 최고의 낙으로 삼으면서 차의 세상을 산다.

일찍이 차를 좋아해서 어떤 때는 종일 몸을 한자리에 붙이고, 여러 차를 시음하듯 집중하여 마시는 날이 갈수록 늘어났다. 한마디로 차로 시작해서 차로 끝나는 날이 많았다.

녹빛차는 자연이 준 좋은 선물이며, 하늘이 준 귀한 묘약이라, 언제나 마음놓고 믿고 마실 수 있어 좋다. 오랜 세월 동안 하루에 무려 백 잔 정도를 음미해도, 건강상 아무런 이상이 없는 것 같다. 차는 나의 심신에 더없이 좋다는 것을 알 수 있었다.

돌이켜보면, 평소 이렇게 많이 우려 마실 수 있어 정말 좋았고, 이런 순간들이 내겐 큰 기쁨이며, 행운이요, 바로 차복과 차덕이 아닐까. 차령(茶齡) 50년이 훨씬 넘은 지금도 다양한 차의 매력 속에서, 나의 차생활 인연은 계속 진행형이다.

다사(茶士)로서 이보다 더 멋있고, 보람 있고, 큰 행복이 어디에 있을까. 나만의 혼차 시간에서, 자신과의 만남을 통해 진솔한 대화로 소통하고, 그간 챙기지 못한 나에 대한 깊은 배려도 고려한다.

또한, 힘들었던 나를 위로하면서 평정심을 되찾고, 일찍이 수행 차 도구로 사용하기 위해 필자가 직접 고안해서 만든, 206개 구슬인 '차선주(茶禪珠)'를 한 알 한 알 정성껏 돌려 나를 일깨운다. 즉 차선주는 인체의 뼈가 있는 명소 206곳을 잘 헤아려, 자기 내면 환경의 점검까지도 할 수 있어 좋다. 차와 차문화를 사랑하는 굳은 의지 속에, 언제나 충만하게 살아 있는 선차도(禪茶道) 문화로 인해, 나의 차 인생은 더욱 재미가 쏠쏠하다.

〈차인에게 가장 가치가 높은 것〉

— 남다른 건강(健康)
— 훌륭한 인품(人品)
— 고결한 덕성(德性)
— 삶에의 지혜(智慧)
— 최고의 봉사(奉仕)

위의 다섯 가지 최고의 가치들을, 항상 다심(茶心) 속에 간직하자.

• 차인(茶人)이라면, 한 번쯤 차와 차문화가 무엇인지? 혹은, 어떻게 대하고, 어떻게 활용하고, 어떻게 보급해야 하는지에 대해서 깊이 생각을 해 보았는지. 그리고 치밀한 계획으로 차생활이나 사회적 실천도 해 보았는지……. 이처럼 다양한 문제들에 대해 늘 궁금해하면서, 진지하게 한번 묻고 싶을 때가 있다. 어쨌든, 이 같은 질문이나 사고(思考)는, 이미 모든 차인이나 차 애호가에게 적용되는 '차의 덕목'이라고 할 수 있다. 그래서 차와 차문화는 인성(人性)의 산물이라고도 하겠다.

〈독차 다훈록(獨茶茶訓錄)〉

- 독차 생활은 차 수행이다.
- 독차에 수행이 있으면 경이로운 차요, 수행 정진이 없으면 평범한 차다.
- 홀로 다심이나 선심으로 차를 우리면 진정한 독차가 된다.
- 독차를 통해 차인이 가야 할 길을 알 수 있다.
- 독차는 침묵의 가치다.
- 독차는 내면의 나를 찾는 차 시간이다.
- 독차는 자기가 자기에게 마음을 맑게 하고, 정신을 일깨워 주는 데 좋다.
- 독차의 핵심은 바른 마음 수행이다.
- 독차는 이다득심(以茶得心)이다. 즉 차로써 바른 마음을 얻는다.
- 독차는 고독한 항해가 아니라, 자기를 돌아보는 거울이다.
- 한이 담긴 차는 독차(獨茶)가 아닌 독차(毒茶)다.
- 독차의 시간은 더 큰 인생을 배우는 차 시간이다.
- 독차는 다풍진흥(茶風振興)에 유일무이한 차 생활이다.
- 독차의 시작은 건강한 삶의 시작이다.
- 혼사서 차를 하면 독도터득(獨道攄得)이요, 독도체득(獨道體得)이라 한다. 즉 홀로 고요히 차를 하면 스스로 이치를 깨닫는다.
- 독차 음미는 독도정진 시간이요, 독도정진 생활이다.
- 독차는 사고력을 성장시킨다.

- 독차를 통해 차선 삼매의 경지와 선열 삼매의 경지를 맛볼 수 있다.
- 독차는 인내의 차다.
- 독차 생활은 역경을 이기는 힘이 된다.
- 독차는 자아실현의 차다.
- 독차는 삶의 정진이요, 깨달음의 미학이다.
- 독차 생활로 코로나 액운을 물릴 수 있다.
- 코로나 시대에는 독차가 생활 백신이다.

〈독차십훈(獨茶十訓)〉

혼차의 문화생활은 조용하고 여유롭게 차 세계의 신비로운 경지를 맛볼 수 있으며, 나아가 차 수행을 통해서 지혜로운 차인이 될 수 있다.

01. 다정고취(茶精鼓吹): 혼차의 차 생활을 통해 의지가 강해진다.
02. 명선다도(瞑禪茶道): 고요한 분위기에서 사색과 명선이 용이하다.
03. 끽다지유(喫茶之遊): 차를 즐기면 일상이 행복하다.
04. 차선일미(茶禪一味): 차의 맛이 최고에 이른다.
05. 번뇌소멸(煩惱消滅): 차를 통해 번뇌를 물린다.

06. 다신경지(茶神境地) : 진정한 차의 경지에 들 수 있다.
07. 차선지로(茶禪之路) : 차를 음미하면서 마음을 관조하게 된다.
08. 이다수신(以茶修身) : 심적 치유의 차 시간이 된다.
09. 다도미학(茶道美學) : 차심을 아름답게 가꿀 수 있다.
10. 다도치심(茶道治心) : 심성이 넉넉해져 삶이 풍성해진다.

〈茶詩―코로나 전쟁〉

눈물겨운 사투를
무의식 속 침묵하는 자도 있고
낯선 인물로 격리된 감염자도 있다.

눈으로 몸으로 겪은
코로나 전쟁의 현장

그 절실한 한가운데서
절망을 딛고 일어나는 차정신

보다 엄중한 상황에서
슬기롭게 극복하는 차마음

이 시대 불청객 몰아내고
차 내음 피워내는 진정한 차인

이젠 위기에 놀란 가슴 잠재우며
차 한잔 우리고 마시니 기운이 돈다.

조금씩 가까워지는 익숙한 일상에
위대한 차문화 행렬은 꽃을 피운다.

〈茶詩—독차(獨茶)·1〉

홀로 차 마시기는
신(神)의 경지라 했는데
코로나19로 더없이 독차를 즐긴다.

대면이 쉽지 않는 요즘
예부터 묘약으로 알려진 녹빛차 있어
그나마 다행이다.

매일 속삭이던 위대한 일상이 무너지고
보고 싶은 얼굴 떠올라도

참고 견뎌야 한다.

존엄한 삶을
차로 위로 받는 밤낮이
새로운 일과 속 수련이 되고 있다.

온몸으로 겪는 신종 바이러스 세상
고위험 감염을 떨치기엔
독차가 제격이라 고맙기 그지없다.

〈茶詩―독차(獨茶)·2〉

정든 다관(茶罐) 고이 열어
녹빛차를 우린다.

정기 서린 따뜻한 기운으로
마음 다스리는
독차가 수행차로 제격이다.

일상의 혼란 속
나다운 나를 만나기 위해

차심을 모아 정진해 본다.

뜨거운 물과 어린 찻잎이 어울려
온전한 색향미(色·香·味) 걸러내며
하나라도 더 일구어 간다는
정신 도량 찾고 찾아서 헤맨다.

새봄이면 인류를 위한
차아(茶芽)로 태어나는 아픔도 있지만
모든 것 베푸는 산물로
소중한 삶에 차 정신 자리잡는다.

홀로 마시는 차는
선차를 얻는 수행이라
아름다움으로 거듭 빛난다.

＊위의 차시(茶詩)들은, 차 전문 월간지《茶의 세계》에 발표된 것임.

문화·예술 다도

　문화·예술 다도란, 차문화와 행다례 분야의 종합예술을 통해 삶의 질 향상과 더불어 사회 문화적 격차도 상당히 완화시킬 수 있는 장점을 많이 지니고 있다. 그래서 차로써 모두가 함께 문화와 예술을 즐길 수 있는 다양한 좋은 행사들이 많다. 이처럼 민족의 차 유산은 그 무엇과도 바꿀 수 없는 큰 재산이 아닐 수 없다.

　예를 들면, 차문화 무대 시연, 각종 행다법 발표, 다학 분야의 학술 세미나, 차 겨루기 대회, 차 품평회, 차 연극, 다무(茶舞), 다악(茶樂·正樂·正統國樂) 연주, 차 의상 발표, 전통 혼례, 진다례 발표, 추모다례 거행, 관례 의식, 차문화에 관한 그림 대회, 서예대회, 사진대회, 꽃꽂이 대회, 차 노래 대회, 다식(차 음식) 대회, 글짓기 대회, 차시 낭송 대회, 찻잔 만들기 대회, 차나무 분재 대회, 사진 촬영 대회, 이색적인 예술 행위로써의 퍼포먼스 등을 연출하여 화합하는 깨달음의 미학과 꿈의 무대를 펼칠 수 있다.

　최고의 경지를 추구하는 뜻에서, 서로 내면의 아름다움과 경이로움이 모두 합쳐지면 더 좋은 찻자리가 되며, 나아가 격조 높은 세계 차문화와 국제 차예술의 한마당이 완성될 수 있다.

"차로써 저녁을 즐기고, 차로써 한밤중을 위로하며, 차로써 아침을 반가이 맞아들였다." 서양의 차 마니아 존슨이 말한 차어다. 일찍이 차 마시기를 삶의 아름다운 의미로 생각한, 차 애호가로 알려져 있다.

"낮에는 차 한 잔 / 밤에는 잠 한숨 / 푸른 산 흰 구름 / 무생사를 말하네." 이 선차시(禪茶詩)는, 조선 중기 시와 문장에 뛰어난 휴정 서산대사(休靜 西山大師, 1520~1604)의 작품이다. 여기에서 '무생사(無生死)'는, '생사란 본래 없다'라는 뜻으로 이해된다.

우리의 영혼에 큰 울림이 되는 선시 작품은, 우리에게 큰 힘이 되어 주는 주인공이다. 삶에 대한 반성과 성찰을 수행자의 일상에 견주어 찬찬히 더듬어 가고 있는 간결한 선차시다.

결론적으로 수행자의 삶과 정갈한 삶, 그리고 소박한 삶은 바로 차인의 삶이어야 한다.

우리 모두 만남에 감사하자. 대개의 사람이 빠르게 성장만 추구하던 메마른 감성에만 빠져 있다. 이런 분들께 이슬같이 맑은 차향을 채워주는 일이야말로 차인들이 할 일이 아니겠는가. 평소 차생활 동행을 깊이 생각하면서, 소중한 인연 맺기를 하자. 연에서 연으로 끝나는 것이 우리의 삶이요, 우리의 인생이다.

다도는 우리 생애 참으로 소중하고도 값진 차 문화라 할 수 있다. 차인답게 항상 둥근 마음을 가지고, 달빛처럼 부드럽고 향기로운 차문화로 봉사하면서 살아가자. 봉사활동은 삶을 더욱 윤택하게 한다. 차를 우려 봉사할 땐 삶이 꽃이 되는 순간이다. 차를 통해 삶의 기쁨을 누리자.

- 차화담(茶和談) : 차를 나누며 정답게 이야기를 나눈다.
- 독지호학(篤志好學) : 뜻을 돈독히 하고 배움을 즐긴다.
- 성학우숙(成學又熟) : 배워서 성숙함을 얻는다.

〈다선일여(茶禪一如)〉

차를 마시는 일은
술이나 커피와 달리
청신하고 담백한 분위기를 자아낸다.

한 잔의 차는 정서를 순화시키고
평화로운 마음가짐과 아름다운 여유를 찾아주며
냉정하고 침착한 휴식을 가능케 한다.

또한, 일상의 모든 걱정과 번민을 해소하므로써
해탈의 경지를 맛보게도 한다.

그래서
차 마시는 일을
일찍이 선(禪)과 연계시켜
'차 마시는 생활 속의 작은 선'이라 하였다.

- 삼매수중(三昧手中) : 행다를 하는 경계가 선경에 빠져서, 체(體)와 신(神)을 다루는 손과 몸이 삼매경에 있으니, 이것이 곧 다선일여(茶禪一如)이다.

민족 다도(民族茶道)

우리 민족의 유구한 차 문화는, 한마디로 다반사(茶飯事) 문화 민족이다. 예부터 일찍이 평생 밥의 민족이요, 차의 민족이다. 그래서 우리 차 문화는 민족의 차이므로 결코 상류 사회만 국한된 게 아니다. 다시 말해 국차(國茶)로써 국민이 모두 차 생활을 중시했었다. '차가 사람을 널리 복되게 한다.'는 이다민복(以茶民福)처럼, 차를 하는 민족은 복이 온다고 했다.

차와 차 문화는 오랜 세월 우리 민족과 더불어 일상을 함께하고, 차를 통한 생활과 수행 정진과 차 정신은 다양한 문화 의식 등에 큰 영향을 끼쳐 왔다. 우리의 차 문화는 민족의 가슴 깊이 정착된 일상다반사(日常茶飯事)·항다반사(恒茶飯事) 등의 생활 용어가 그렇고, 옛 선현들의 차시를 통해 본 차생활의 절제미, 수행자의 정신 고취와 옛 국가 의식, 그리고 인생의 최대 인륜대사인, 사례로써 관혼상제 같은 큰 의식 절차에 차 문화가 주는, 좋은 교훈과 차의 멋진 문화 정신 때문에 최상의 예우로 지켜져 왔다.

차는 우리들의 삶에 무엇보다 중요한 건강과 정신을 심어 주고,

정화시켜 주는 역할을 충실하게 해 왔다. 이러한 역사적. 문화·예술적 과정들을 보더라도 찻잎을 원료로 하는 민족의 문화유산인 전통 차문화가 있어 정말 자랑스럽다. 이처럼 세계에서 으뜸가는 차문화 민족으로서의 주체성을 가지고 선조들의 지혜가 담긴 정중동(靜中動)의 생활 문화인 녹빛차 사랑을 부디 잊지 말자. 앞으로도 꾸준히 이어가면서 더욱 발전할 수 있는 연구와 노력이 절실히 요구된다. 그래서 우리 차가 세계로 뻗어 가야겠다. 미래지향적인 차 산업화로 한국의 차가 곧 세계의 차로 거듭나기를 바란다. 또한 우리 차에는 전통의 예의범절 속에, 대인 관계를 좋게 하는 아름다운 미덕과 미풍양속이 있다. 그리고 차는 '산 사람·죽은 사람'¹ 할 것 없이, 반드시 없어서는 안 되며, 우리 모두에게 꼭 필요한 차와 차 문화라 하겠다.

특히 예(禮)로써 원만한 소통과 인정이 넘치는 차시음[2]과 차보시(茶布施) 및 봉차(奉茶) 의식으로 공경하는 차 생활이나, 차 의식 자체에도 그 결과는 삶에 크나큰 행복으로 이어진다는 데 있다.

---

1 천선인귀구애중(天仙人鬼俱愛重) : 하늘과 신선과 사람과 귀신이 모두 함께 차를 사랑하고 귀하게 여긴다.
2 차시음(茶侍飮) : 웃어른을 모시고 차를 대접함 / 차시음(茶試飮) : 차를 맛보기 위해 시험 삼아 마심.

〈예(禮)란 무엇인가〉

사물(四勿)

비례물시(非禮勿視) 예절이 아닌 것은 보지 말며
비례물청(非禮勿聽) 예절이 아닌 소리는 듣지 말며
비례물언(非禮勿言) 예절이 아닌 일은 말하지 말며
비례물동(非禮勿動) 예절이 아닌 일에는 움직이지 말라. —논어

〈茶詩—새봄에〉

다원(茶園)엔 새싹의 물결
멀리서 보아도
새순의 맑은 몸짓을 알 수 있다.

차나무는 가을 개화를 약속하며
만물이 소생하는 봄에 새잎만을 키운다.

봄철 낮 동안 부드러운 햇살 맞이하고
밤엔 속삭이는 별빛 받아 반기며
지상의 새벽 이슬, 바람이 주는 고운 노래와

숲이 선사하는 꽃비에도 젖어
차순(茶筍)은 날마다 자라고 있다.

다심(茶心)을 촉촉이 적셔 줄
한없이 고마운 찻잎.

차 인생 여정에 추억 남길 햇차
어린 일창이기(一槍二旗)*로
녹빛차의 따뜻한 사랑을 심는다.

계절이 주는 훈훈한 춘정 느끼며
차벗 떠올리는 환한 미소가
가슴 설레며 축복으로 다가온다.

*일창이기(一槍二旗)는 한 싹(芽)에 두 잎(葉)이 달린 것.

〈茶詩—다원 풍경(茶園風景)〉

천지간의 찬 기운 다 이겨내고

마침내 깨어난 여린 차순.

입춘 지나 분주한 나날

대지와 속삭이며

눈부시게 일어섰구나.

작설 가족의 숨결은

불꽃으로 번져가고

오랫동안 기다린 벗들에게

봄의 정취 안겨 주는구나.

한결같은 녹향이

마음으로 이어지면

차가 있다는 그 자체로도

행복해짐을 숨길 수 없구나.

삶의 다도

차를 통한 사색과 음미는 낭만적인 일이다. 상상 속에서 지혜를 얻는 일이며, 문화예술에 대한 수준을 높이는 의식의 생산이다. 삶의 미학인 다도가 있으므로, 차인들이 찻자리의 고상하고도 차원 높은 품격과 다도 완성의 길을 제대로 갈 수 있다고 본다.

차인답게 의미 있는 삶을 살다 보면, 아름다움이 만들어지게 된다. 그 아름다움이 곧 보람 있는 행복한 차 인생이 아니겠는가. 차와 더불어 정도로 끝까지 간 사람은 아름다운 최후의 승자가 되는 것이다. 차인들이 차를 갑자기 멀리하면, 우울증과 심리적 고립으로 모든 것이 힘들어진다. 어쨌든 차인은 차 문화를 사랑하면서, 차를 가깝게 해야 행복하고 빛이 난다.

우리 미래의 시대상을 잠시 앞당겨 본다면, 어떤 면뿐만 아니라 많은 분야가 우리에겐 참으로 암울하다. 이럴수록 어떻게 하면, 본질적으로 더 나은 삶을 추구할 수 있을까를 늘 고민하면서 차생활을 해야 한다. 일상이 된 불평등에 대한 공감의 시대, 불확실한 미래를 열심히 헤쳐서 나가야 한다. 특히 어리석은 행동을 하면 절대로 안 된다. 반드시 책임질 수 있는 올바른 행동을 해야 한다. 그러기 위해서는 슬기로운 지혜가 필요하다.

차인들은 자기만족을 추구한다. 그러나 자기만족은 자연적으로 주어지지 않는다. 자기만족은 우리 사회나 차계에서 무엇이 중요하며, 우리를 움직이게 하는 정신적 요인이 무엇인지에 의해 좌우된다. 내 삶을 내가 원하는 방식으로 만들어 가기 위해 어떤 정신적 기반이 필요한지, 또한 내 인생에서 품어야 할 태도와 가치적 우선순위가 무엇인지 잘 정립해서 나아가야 한다. 그리고 "우리의 마음 씀씀이가 그 사람의 인격이요, 화를 참아내는 인내가 곧 그 사람의 품격이다."라고 할 수 있다. 중국 춘추시대의 사상가인 노자(老子)의 가르침 중에, "귀생(貴生)과 섭생(攝生)"이 있다. 즉 귀생은 '자신의 생을 너무 귀하게 여기면, 오히려 생이 위태롭게 될 수 있다'는 것이며, 섭생은 '자신의 생을 적당히 불편하게 억누르면 생이 오히려 더 아름다워질 수 있다'는 뜻이다.

우리는 오랜 역사를 가진 전통 문화민족이며, 차 문화는 정신문화로써의 민족 고유의 철학과 지혜, 삶의 정서와 가치, 현대인의 인성과 인품까지를 내재하고 있다. 그리고 우리에게 많은 도움을 주는 현대의 차 문화가 미래 생활에는 차 정신과 더불어 더욱 필요하고 중요한 위치를 차지할 것으로 믿어 의심치 않는다. 그러기 위해서는 차인의 정성은 항상 감동적이어야 한다. 그리고 좋은 차인은 인의도덕(仁義道德)을 입으로 떠드는 것이 아니라, 다심을 앞세워 올바르게 행하는 사람이다.

평소 마음공부하는 바른 인성으로 배움과 즐거움이 함께하는 다도를 선택했다면, 배움을 즐기면서 할 수 있는 그것이야말로 최고의 선택이며, 또한 선택한 일에 끊임없이 집중한다면, 반드시 좋은 다도를 완성할 것이다. 끝없는 배움은 무한의 즐거움이다. 배움이 있어야 삶의 즐거움이 있고, 그래야 삶의 주인공은 바로 내가 될 수 있다.

차인들의 행복한 삶을 위해서는 인성이 기반이 되는 차문화가 적격이라 할 수 있다. 차는 표정에 어둠이 없는, 맑고 밝은 얼굴의 소유자다. 유구한 역사나 찬란한 문화나 역대 차 성현들처럼 항상 성스러운 존재다. 차를 통해 과거와 현재, 변화되는 차문화의 역사적 의미를 찾아보도록 노력하자.

그리고 우리에게 진짜 행복은 소박한 일상생활 속에 있다. 맑은 차 한잔하면서 하루하루를 즐길 줄 아는 차인들이 바로 그런 사람이다.

긍정적인 생각을 가진 것에 만족하는 마음, 건강하게 감사하는 마음으로 사는 차인이어야 가장 행복한 차인이라고 말할 수 있다.

차인은 겉모습만 중요한 게 아니다. 내면을 가꾸면서 살아야 한다. 즉 겉과 속이 모두 아름다워야 한다는 뜻이다. 사람이 살아가면서 잘 관리를 해야 하는 것이 곧 정과 육에 있다. 원래 정신과 육체는 신분이 조금 다르다. 사람이 성숙해 감에 따라 먼저 정신적 기반을 만들어야 욕망과 감정 따위를 스스로 억제할 수 있고, 또한 물욕이나 육체적 욕망도 자제할 수 있다.

그리고 자기의 영원한 보금자리인 튼튼한 가정을 가지기 전에, 남녀관계는 단순히 재미가 전부가 아니라는 것을 일찍이 터득해야 한다. 그런 다음 사랑을 해야 정말 좋은 가정, 멋있는 가족 사랑이 성립된다고 하겠다.

어쨌든, 이성적 판단을 해야만이 앞날이 비교적 순탄하다. 사람마다 격차가 심하기는 하지만, 자신의 격을 한층 높이는 일에 충실하면 인생의 행복이 눈앞에 보인다. 그러므로 차인의 삶은 항상 깨어 있는 제정신으로 살아야 한다.

그리고 주어진 삶에 따라 각자가 다른 모습으로 살겠지만, 차를 사랑하고 차를 가까이하는 차인이라면, 언제 어디서나 다심을 밝게 하고, 생활을 정직하게 하며, 교양 있게 살아야 한다.

가장 아름다운 삶이란, 물처럼 살다가 물처럼 가는 것이라 했다. 이제라도 우리 차인들은 후회 없이 살아가고, 아낌없이 감사하면서 살자.

〈인간 세상의 일들〉

인생에서 대다수 큰 꿈을 이루기 위해 잠시도 뒤돌아보지 않고, 언제나 온 힘을 다해 앞만 보고 살아간다. 그러나 한평생 치열할 정도로 애쓴 일들이, 때론 인생의 흐린 날씨와도 같다. 즉 하늘의 한 조각 구름처럼, 한 줄기 바람처럼, 섬뜩한 번개처럼, 한 무리 연기처럼, 한바탕 물거품처럼, 명예와 업적과 재물을 비롯해 모든 것이 순식간에 사라진 것들이 역사 속에서 어디 한둘이겠는가.

누구나 삶의 고비에서 제대로 보상받지 못할 때가 너무나도 많은 세상이 아닌가. 정녕 인생이 그렇다고 하더라도 곰곰이 생각해보면, 실패한 것 같을지라도 최선을 다해 열심히 살아낸 것은, 참으로 많은 의미 있는 함축된 삶이라고 말할 수 있기 때문은 아닐까.

결과적으로 그 살아온 일상생활에 보람도 있고, 사랑도 있고, 행복도 있고, 성장도 있는 것이라 믿게 된다. 내 인생사 마음속에 조금도 부끄럽지 않은 삶이면, 그것이야말로 세상이나 인생에서 대성공이 아닐까. 마음 안에 맑음을 늘 가꾸는 정성이 담긴 삶이라면, 그것만으로도 만족하지 않겠는가.

- 차심(茶心)은 차인의 마음을 속이지 않고, 양심은 사실을 숨기지 않으며, 하심은 차인의 삶을 행복하게 한다. ―차샘 「다훈록(茶訓錄)」
- 가장 행복한 사람은 특별한 이유 없이도, 삶을 즐길 줄 아는 사람이다. ―간디

생활 다도(生活茶道)

생활 다도 문화란, 차와 차문화로 행복한 삶을 얻기 위해 일상에서도 생활 다도 문화를 즐기면서 차 한잔을 음미하게 되는 것을 말한다.

요즘도 우리 주변에서 쉽게 다반사(茶飯事)라는 말을 자주 듣는다. 즉 다반사란 민족의 오랜 생활 언어로써 '늘 있는 일, 예사로운 일'을 말한다. 그러나 이 말은 결코, 예사롭지 않게 특별한 의미를 부여하는 민족의 일상생활을 함축한 말이다.

생활 속에서 놀이하듯 '차야 놀자(끽다유喫茶遊)' 하면서 마음의 짐을 덜 수 있다. 아름다운 차 인생을 위해 여유 있게 차 한 잔을 음미하자. 그리고 소중한 하루를 더 의미 있게 보내야겠다. 앞으로도 많은 차 시간을 투자하면서, 삶의 이유와 가치도 찾아보아야 하겠다.

이 세상에 노력의 산물, 눈물의 산물, 고통의 산물, 인고의 산물, 시대적 산물은 있어도, 우연의 산물은 아무것도 없다. 정말 아무 데도 없다는 것을 다시 한 번 깨달아야 한다.

모두가 성숙한 다수 생활을 통해서, 지나친 욕심을 조금도 부리지 않고, 좋은 차인답게 차 생활을 하게끔 최선의 노력이 필요하다고 본다.

그러면 예부터 전하는, 우리의 일상 용어에 대해 언급해 보자. 즉 일상 있는 일이며, 또한 예사로운 일로써 '오늘도 밥을 먹듯이 차를 마신다.'고 하는 '다반사'나, '일상생활에서 차를 마시는 일이나, 밥을 먹는 일이 같다.'라고 하는 '일상다반사'를 반드시 우리가 생활화하게끔 관심을 가지고, 차 운동에 힘써야 한다.

〈끽다법어(喫茶法語)〉

삼라만상은 간극(間隙)에서 생성되고 변화하고 소멸한다. 이처럼 인간사와 세상사의 진리도 '생성·변화·소멸'하는 것이다. 이 모든 것은 간극으로 인한, 즉 틈이나 혹은 틈과 틈 사이에서 생겨나고 발전하고 없어지는 것과 같은 원리이다.

차인의 경우 역시 마찬가지다. 차인들의 차 마음에 깊이 헤집고 들어와 큰 가르침과 깨달음으로 꽂히는 것이, 바로 끽다법어인 '끽다래(喫茶來)·끽다유(喫茶遊)·끽다거(喫茶去)'라 할 수 있다. 이것을 달리 함축된 의미로 직역하면 '오고·놀고(머물고)·가는 것'이 아니겠는가. 차 인생에서 이 세 가지 소중한 차 정신을 잊지 말고, 즐겁고 행복한 차 생활을 가꾸어 가자. 그래서 하루하루 이어지는 삶이 늘 보석같이 아름답게 빛나도록 하자.

위에서 소개한 끽다법어(來·遊·去)는, 차계에 의미가 큰 화두다. 이것을 제대로 의역해서 풀이하면, 그것이 바로 끝없는 법문이 된다. 다른 말로는 '끽다경구(喫茶警句)·끽다선어(喫茶禪語)·끽다선다어(喫茶禪茶語)'라고도 한다.

⟨끽다유 생활⟩

예로부터 다도는 격조 높고 우아한 고급문화(高級文化)로 전해져 왔다. 또한 차의 성품이 군자와 같아서 사사로움이 없다고도 했다.

이같이 차의 성품과 깊은 수신의 인연으로 해서, 차를 우려 마시는 것은 덕성을 닦는 수행의 한 방법이라 여겨 왔다. 즉 차수행인이 차와 차문화를 즐기는 끽다유(喫茶遊)를 통해 몸을 가다듬고, 인격과 정신을 수양하는 것이기 때문에, 인간성의 본질인 청정한 품성과

---

1 당나라 조주 종심 선사(趙州從諗禪師, 778~897)의 『끽다거(喫茶去)』란, 대개 "차 한잔 하고 가시게"로 통하며, 천하 조주의 선차를 일명 '조주차 혹은 조주선차'라고 전한다. 그리고 『끽다래(喫茶來)』는, 1988년 금당 최규용(錦堂 崔圭用, 1903~2002) 다성(茶星)께서 선포했으며, 또한 같은 해, 한국 근·현대 1세대 원로 차인이며, 국제문화예술 다도 명장(제1호) 칭호와 한국 차연구가로 활동하는 차샘 최정수 차사(崔正秀 茶士)로 인해 『끽다유(喫茶遊)』가 제창(提唱)되어 보급되었다. —2019년 금당 최규용 추모문집에 수록, 2019년 인터넷 〈통불교신문〉 '차인단상'에 게재, 최석환(崔錫煥) 지음, 2021년 발행한 다서(茶書) 『끽다거(喫茶去)』 참조. 발행처 《茶의 세계》

다도인으로서의 다심을 찾는 데, 그 궁극적 목적이 있다고 하겠다.

　차의 물[茶水]은 청결한 수행자의 몸에 해당하고,
　차의 향[茶香]은 수행자의 덕목인 겸허가 되며,
　차의 맛[茶味]은 인간이 가지고 있는 본래의 평상심이라고
　할 수 있다.

　이처럼 선고 차인들은,
　찻물[眞水]같이 몸을 깨끗이 하고,
　차향[眞香]같은 그윽한 덕행으로 겸허하며,
　찻맛[眞味]처럼 변함없이 늘 진실함을 강조했었다.

　우리 다도인도 끊임없는 차 정신으로 스스로 다심(茶心)을 찾아서, 맑고·깊고·따스하고·부드럽고·향기롭게 변화시킬 수 있도록 정진에 정진을 거듭해야겠다.

〈생활 속 다도〉

　오늘도 무심코 흘러가는 시간 속에 나의 삶이 고스란히 담겨 함께 흘러가고 있다. 그 속에는 내 삶의 가치도 있고, 희망도 있고, 더위와 추위도 있고, 기쁨과 슬픔까지 모두가 함축되어 존재하는 시

간이 아니겠는가. 즉 인간의 일곱 가지 감정이라고 하는 칠정(七情)인 '희(喜)·노(怒)·애(哀)·낙(樂)·애(愛)·오(惡)·욕(慾)'이 다 녹아 있는 실정이라 하겠다.

이 같은 중요한 시간 속에서, 나는 늘 어디서 뭘 하면서 그때그때를 제대로 보내고 있었던가 하는 생각만, 온통 머릿속을 스치며 지나갈 때가 많다. 그래서 시간이 지난 다음엔 항상 이렇게 끝이 나는가 하는 아쉬움과 후회만 남을 때가 대부분이다.

차인의 삶이 계속되는 한, 소중한 시간을 잘 활용하여 차인과 차 문화의 관계에 많은 관심을 가져 삶의 질을 더한층 높여야겠다. 우리가 살아가는데, 기본이 된다는 인간 생활의 세 가지 요소인 '의·식·주'와는 참으로 비교가 되지 않을 정도로, 인생에 대한 정서 순화와 차원 높은 풍요로움과 뜻있는 보람을 안겨주는 것이, 바로 위대한 민족의 유산인 다도 문화이기 때문이다.

이제는 최선의 노력으로 "인생 같은 차·차 같은 인생"의 실현을 위해서라도, 차 전문가를 향한 몰두는 물론이거니와 평소 차인다운 삶을 만들어가는 값진 시간 속에서, 더 좋은 차생활 문화를 영위할 수 있도록 다짐해야만 하겠다.

특히 글로벌 경쟁의 시대, 우리의 청정 '그린 티(Green Tea)'가 바로 '글로벌 티·글로벌 음료'가 될 수 있도록 힘쓰자. 세계적인 우리의 녹빛차(Nokcha)는 "마음의 돌봄이요, 행복의 채움이다."

또한, 차를 처음 접하는 분들이, 차 공부나 차 생활에 대해 너무 조급하게 생각해서는 안 될 것 같다. 너무 서둘거나 시급하게 생각하면, 부담되는 경우가 생길 수 있기 때문이다. 차를 알고자 하는 일반인들의 경우라면, 시간이 어느 정도 되기까지 다도의 격식을 전혀 몰라도 될 뿐만 아니라, 차를 처음 체험할 때나, 처음으로 차를 시작할 때라도, 다법은 아예 생략해도 좋다는 분위기가 급선무라 하겠다. 그래서 언제든지 자기만족을 위한 자기 방식이나. 혹은 자기 마음이 가는 대로 차를 우리고, 마셔도 무방하다는 환경 조성이 무엇보다 필요할 것만 같다.

우리가 만약 마음을 공부하는 바른 인성으로 배움과 즐거움이 함께하는 다도를 선택했다면, 그것은 배움을 즐기며 할 수 있는 최고의 의미 있는 선택이다. 또한 선택한 일에 끊임없이 몰두한다면, 반드시 보람 있는 다도 문화를 완성할 수 있다. 어쨌든 신중한 한 번의 선택은 평생 선택이 될 수 있다. 그리고 아름다운 인생을 동행할 반려차로 차덕을 쌓으면서 살아가게 될 것이다.

돌이켜보면, 처음은 아무런 조건이나 욕심 없이 자연스레 접근해서 우리의 건강과 정서에 큰 도움이 되고, 나아가 시간이 조금씩 지나고 나면, 자기도 모르는 사이에 뭔가 끌어당기듯 우리 것에 대한 재미가 생기면서, 멋진 취미로 발전할 수도 있지 않겠는가.

이처럼 우리 것에 차차 익숙해지면서 차문화 사랑이 정착된다면, 그야말로 한국의 정통 다도 열풍 시대를 언젠가는 기대해도 될 것만 같다. 그렇게 되면, 우리 '겨레의 차요·민족의 차문화'를 잊지 말고, 정상적인 제자리에 정착시키도록 다 함께 관심을 가지고 나가야만 된다고 하겠다.

- '줄탁동시(啐啄同時)'란, 병아리가 껍질을 깨트리는 것을 줄이라 하고, 어미닭이 밖에서 쪼는 것을 탁이라고 한다. 줄탁동시는 병아리가 세상 밖으로 나오기 위해 안간힘을 쓸 때, 어미닭이 부리로 쪼아 도와주는 것을 뜻한다. 그리고 이 두 가지가 동시에 행하여지므로 사제지간(師弟之間)이 될 연분이 서로 무르익음의 비유로 쓰이는 말이기도 하다. 그리고 '줄탁동시'는 과연 어디에서 어떻게 나온 말일까. 출처는 불교 선종에서, 참선 수행과 깨우침의 실마리로 사용하는 화두(話頭), 즉 공안(公案)을 일컫는 말이다.
- 차 문중에서 차 수련을 생활화한 차인의 경우, 차는 신비로움으로 다가와 선열을 자아낸다. 이처럼 하나된 아름다운 감동 차를 얻기 위해서는 마음을 모아 정성껏 우려 음미하는 차 수행이 뒤따른다. 감동은 사랑이 있는 곳에만 있다. 감동은 사랑을 만드는 향기로운 사람들 속에서 조용히 피어난다. 우리 차인들도 누군가에게 정성껏 우린 차 한잔을 권하는, 따뜻한 차 마음으로 감동을 선물하는 기회와 차 시간이 많았으면 좋겠다. 결국엔 이것이야말로 자기의 삶에 큰 의미를 더하는 차 한잔의 행복이 아닐까.

일본의 엄격한 법도인 다도에서는, 차 한잔 나눔을 '일기일회(一期一会)'라 하고, 한국홍익다도문화원에서는 '일좌일회(一坐一會)'라 한다. 즉 찻자리에서 차와 다담을 나누고 헤어지면, 언제 다시 만날 수 있을지 알 수가 없고, 또한 기약조차 할 수가 없기 때문이다. 지금 만남의 기회가 항상 마지막이라 생각하고, 헤어진 다음에 후회하면 안 된다는 깊은 뜻이 고스란히 담겨 있다. 그래서 조금이라도 소홀한 대접을 해서는 절대로 안 된다는 의미이다. 우리 한국 차인들도 이 자리가 아니면, 다시 만남을 약속할 수 없다고 생각하고, 차손님을 언제나 극진하게 지극정성으로 잘 모셔야 하겠다.

　한국의 차정신은 차맥 등에 따라 각각 다르다고 할 수 있다. 그나마 일반적으로 알려진 차정신을 보면, 신라차의 달인 고운 최치원 선생의 '수진오속(守眞忤俗, 참을 좋아하고, 속됨을 멀리함)과 초의선사께서 "차를 다룰 때 중정(中正)을 잃으면 안 된다."고 했다. 여기에서 파생된 '중정지도(中正之道)와 중정지심(中正之心)' 등이 있다. 즉 중정이란, 어느 쪽으로든지 치우침이 없는 것을 말한다. 어쨌든 차와 차문화와 차인 정신을 통해 바르게 실천하고, 정통 다도의 핵심을 찾아 묵묵히 정진하자.

선비 다도

　선비 다도 문화란, 선비들의 올곧은 삶의 문화다. 맑은 선비 차를 통해 청렴하게 사는 것은 바로 선비들의 지조다. 역대 선비들의 차시(茶詩)는 한국 차 문화의 살아있는 역사요, 정신문화 중에서도 최고의 꽃이다. 차에 관한 글과 다기와 다구와 서예와 차 그림, 그리고 유물과 유적지 등은 나라에 훌륭한 문화재이며, 고귀한 차 문화의 보물이다.

　당시 성현들의 내공에서 나온 다채롭고 격조 높은 깨달음의 내용들이 정통 차 문화에 고스란히 담겨 내려오고 있다. 차생활로 마음을 일깨우기 위해서는 늘 마음을 비워야 한다. 즉 빈 상태의 내부가 바로 외부를 제대로 만드는 것이다.

　나는 언제부터인가 선비 차 혹은 선비문화를 잔뜩 기대하면서, 차 인생 반백이 훨씬 넘도록 선비 다도 문화에 몰두해 살고 있다.

　우리 땅에 차나무[茶樹]가 있다는 것은, 선인들이 차를 사랑하면서 차 문화와 다맥을 잘 이어왔기 때문이며, 또한 햇차를 제다(製茶·法製)하고, 나아가 차 식량의 공급은, 믿음직한 선비 차인들이 있었기 때문이다. 그런가 하면 차 멋과 차 수행과 차의 삼진[1]과 빼어난 명차(茗茶)를 아는, 차 애호가들의 든든한 지원으로 가능했으리라 믿는다.

이처럼 우리 민족의 중요한 자산이라 할 수 있는, 다농(茶農)들의 재배 농가인 다원은, 지속 가능한 미래의 후학도를 위해서라도, 다원 관리, 품종 개량, 퇴비 등의 연구에 소홀해서는 안 되며, 환경친화적인 방식으로 차나무 재배에 도움이 되는 차밭[茶園]의 생활 조건도, 꾸준히 개선하도록 힘써야 한다.

선비들은 차의 속멋을 알아 차로 멋진 낭만을 즐기며, 선비 차와 차 문화가 잘 어울리는 인생을 즐겼다. 또한 학문에 정진하면서도 차의 경지인 '풍류일미(風流一味)·다락일미(茶樂一味)·다선일미(茶禪一味)·다선일여(茶禪一如)'를 가깝게 하면서 살았다.

선비들은 일상에서도 차 수행으로 사고(思考)하는 힘을 기르고, 지식을 넘어 맑은 정신으로 깊은 지혜를 가진 삶을 누렸다고 하겠다.

〈茶詩―다선불이(茶禪不二)〉

차의 정화된 의미 속에
마음을 둔다면

---

[1] 삼진(三眞)이란, 차의 '진색(眞色)·진향(眞香)·진미(眞味)'를 가리키는 말이다.

차를 우려내는 그 자체가
바로 성찰이다.

밝은 다심(茶心)으로
차의 성정 받아들인다면
그것이 곧 수행이다.

내면을 닫고 허세만 부리는
다사(茶事)라면
속진 세상 음료일 뿐인 것을

선과 차는
사철 푸른 연리근으로 만나
답답한 삶을
한 올 한 올 풀어내고 있다.

■ 시평 노트

　다선불이(茶禪不二), 시인은 다(茶)와 선(禪)이 둘이 아님을 노래하고 있다. 성찰하고 싶은 마음과 실천하고 싶은 마음을 동시에 표출한 것일까. 봄이 오면 가장 먼저 반기는 것은 차밭이다. 생기발랄한 차나무의 몸짓에서 그 마음을 읽을 수가 있다. 언덕바지 차밭의 녹색 파도가 동장군에게 시달린 뭇 생명들에게 활력을 불어넣고 있다. 녹색 차나무 숲의 군무가 봄소식을 전하는 전령의 의식처럼 느껴진다. 봄바람에 끝 간 데 없이 일렁이는 차밭으로 눈길이 쏠린다. 굽이굽이 펼쳐진 차밭으로 봄바람이 스쳐갈 때마다 파도소리가 들리는 듯, 차나무들이 넘실넘실 군무를 선보일 때는 바다의 푸른 창파를 연상케도 한다.

시야 가득 다가오는 차밭으로 내 눈길도 쏠려간다. 이른 봄부터 다원은 온통 녹색 물결이다. 다원의 풍경 속으로 들어가 본다. 녹색의 물결이 출렁출렁 춤을 춘다. 따스한 봄 햇살을 받아먹고 춤을 추는 기분 좋은 춤사위다. 봄 햇살이 얼마나 맛있는지 찻잎들도 봄 햇살이 맛있다는 듯 찻잎들도 입맛을 쪽쪽 다시듯 초록빛 입술을 뾰족뾰족 내밀고 있다.

차 다(茶)자를 꼼꼼히 살펴본다. 풀 초(艸) 자와 나무 목(木) 자 사이에 사람인(人) 자가 끼여 있다. 차 다(茶)자를 창안한 사람은 무엇을 말하고 싶었던 것일까. 한 잔 차를 마시다 말고 차 다(茶) 자에 대하여 곰곰이 생각해 본다. 사람은 초목을 떠나서는 살 수가 없고 풀과 나무도 사람이 없는 세상에서는 살아갈 용기도 없고 살맛도 없다는 뜻인지도 모른다. 풀과 나무와 사람이 함께 어우러져 살아야 제격인 세상일까. 풀들도 나무들도 사람과 함께해야 살맛이 나는 것인지도 모른다.

찻잔을 마주하고 다향을 음미하다 보면 참선을 하듯 세상 모든 잡념은 깨끗이 사리지고 마음에 평화가 찾아온다. 새봄의 차밭은 온통 초록 물결이다. 젊음을 상징하는 초록빛은 생기를 불어넣는 힘이 있다. 초록빛 차밭에 봄바람이 스르르, 스르르 스쳐 가면 차밭은 푸른 파도를 일으키며 파도타기를 한다. 멀리서 그 모습을 바라만 보아도 온몸의 기가 절로 살아나는 듯 두 팔에 힘이 실린다.

—시인 이은재(도서출판 그루 발행인)

성찰 다도(省察茶道)

　성찰 다도 문화란, 자기 자신을 성찰하는 내면 기행이다. 잠시나마 고민거리를 내려놓고, 자아 성찰을 할 수 있는 차 시간을 만들어 수행해야 한다. 자기 마음의 고통을 덜어 내기 위해서는 성찰의 시간이 필요하고, 그런 다음엔 바른 행동으로 실천해야 삶이 윤기 있게끔 바뀔 수 있다.

　성찰을 통해 자신의 언행을 항상 들여다보고, 양심의 소리에 귀 기울이며, 자기의 모습을 제대로 보려는 자아 성찰의 차 시간이 필요하다. 인생을 즐기는 삶이란, 모름지기 차를 마시고, 자기를 깊이 성찰하고, 열심히 사랑하며 사는 것을 말한다. 대개 지식은 많이 배워서 아는데, 반면에 실천이나 도전하는 정신이나 수행은 턱없이 부족하다. 이제라도 지혜로운 삶을 위해 정진하도록 힘쓰자.

　일찍이 차에는 '차선일미(茶禪一味)'라는 선어가 전한다. 이것은 "차의 깊은 맛이 선의 깊은 맛에 이르고, 차향이 선향에 이른다."라는 큰 의미이다. 즉 차의 오묘한 맛과 선의 오묘한 맛이 서로 만나 상통하면서, 차를 통한 수행자에게 정신적 깨달음을 얻게 한다는 뜻이라 하겠다.

깨달음을 얻기 위해 수행하는 사람은 모두 차를 선호하여, 다선삼매경(茶禪三昧境)에 푹 빠진다. 선차의 주인공은 순간순간을 놓치지 않고 늘 깨어 있어야 한다.

예부터 차의 성현들은 맑은 정신을 위해 모두 선차를 즐겼다. 선차향은 신묘한 무릉도원의 세계라서 무아경에 이르도록 한다.

〈성찰하는 삶〉

일상생활에서 나물은 삶고, 국은 끓이고, 차는 우린다. 소통을 꿈꾸는 세상이라면, 차보다 더 좋은 게 어디 있겠는가. 차인은 성찰을 통해 여유롭게 살아가는 방법이 있음을 다시 한번 생각하게 한다.

그리고 위대한 철학자의 공통점은, 전 생애를 통해 스스로 자기의 삶에 항상 진실하고자 고투했음을 알 수 있다. 그래서 성찰하는 삶이란, 바로 차와 다도와 선차가 있는 차생활이 아닐까.

성찰다도·명상다도·명선다도·선다도 중에서, 하나를 잘 선택해 본심으로 추구하면, 잠시나마 나만의 세계에 잠길 수 있고, 나만의 세상을 돌아볼 수 있다. 정신을 소중하게 여기는 차인이라면, 차 시간에 좋은 영감을 얻을 수도 있다.

지혜의 삶을 열기 위해서는 심리 치유도 필요하다. 나를 다스리는 명선 공간에서 내 마음을 제대로 살펴보아야 한다.

삶에서 가장 소중한 것은 항상 내면에서 흐른다. 인성·다도·음악·사랑도 모두 내면으로 흐르는 것과, 내면에서 느낄 수 있는 것이 참으로 위대한 것이다. 쉴 새 없이 움직이는 마음, 마음에 의존해 살아가는 세상의 묘한 이치를 깨닫고, 나아가 삶의 본질을 되새기면서, 차인 의식으로 조금씩 눈뜨게 되는 것이다.

우리에게 특수한 감수성이란, 바로 느끼는 능력이다. 즉 예민한 감수성일수록 좋다고 할 수 있다. 성현들이 말하는 차는 깨달음의 본질에서 나오는 초월을 상징한다. 즉 마음의 눈을 뜨게 한다. 그리고 도교에서의 차는 신선과 맑음을 나타낸다.

수신 다도는 자기를 더 깊이 볼 수 있게 한다. 차를 통해 지혜와 차덕을 갖추면, 많은 차복을 누릴 수 있다. 또한 자기 수양, 자기 정진을 통해 의식이 변하면 몸도 삶도 변한다. 차는 나의 전부라고 생각할 때, 차 수행이 잘 된다. 오랜 수행 생활한 차인을 일러 구수차인(久修茶人)이라고 한다.

우리는 이제라도 지식과 경험을 통해 문화를 즐길 줄 아는 차인이 되자. 이것이 '차 인생의 중요한 태도'라고 할 수 있다.

그리고 옳고 바른 차인이 되기 위해서는, 반드시 자신을 혁신해야 한다. 차를 사랑하며 사는 차인은 차 명상을 통해 앞날을 가늠하면서 살아야 할 것 같다. 그렇지 않고 자기 마음대로 살아서 어떻게 행복할 수 있고, 성공할 수 있고, 인정받을 수 있겠는가. 우리가 행복하고, 성공하고, 인정받으려면, 인격상의 결함을 먼저 없애야 한다.

평소 생활에서는 자기의 결점을 잘 알려고도 하지 않을 뿐더러,

설령 알아도 자기 합리화를 시키고 만다. 자기가 누구보다도 현명하다면, 자기 자신을 과감히 혁신할 수 있어야 한다.

그리고 인생의 거울이 되는 역대 차계 성현들의 좋은 가르침도 본받아야 한다. 그뿐만이 아니라 노력하는 차인이라면, 늘 새롭게 나아가서 열심히 차 수행 과정이라 할 수 있는, 마음공부를 통해 참을 깊이 깨달아야 한다.

아울러 묵언수행[1]이나 이다수신(以茶修身, 차로써 몸과 마음을 닦는다)의 차 수련 생활로, 차의 미덕을 더욱 실천하면서 살아야 한다. 그동안 수없이 마신 찻잔을 통해서 깨달은 것은 과연 무엇일까. 그 오랜 노력의 시간이야말로 정말 헛되지 않게 하자.

차는 차 인생의 힘이요, 삶의 문화이며, 깨달음의 무기이다. 수행자의 삶과 정갈한 삶, 그리고 소박한 삶은 바로 차인의 삶이어야 한다. 결국 무엇을 반드시 이루려고 한다면, 자신의 결점을 잘 알고 고쳐 나갈 때 모든 것이 가능해진다는 것을 알아야 한다.

- 마음은 팔 수도 살 수도 없지만, 줄 수 있는 좋은 보물이다.
- 선차 생활에서, 첫 번째 잔을 마시면 욕심과 야망을 버리고, 둘째 잔을 마시면 시기와 질투를 멀리하고, 셋째 잔을 마시면 지혜를 얻는다고 했다.

---

1 묵언수행(默言修行)을 하거나, 참선을 제대로 하려고 하면, 먼저 자세와 호흡으로 우주와 일체가 되는 것에서부터 출발해야 한다.

소통 다도 (疏通茶道)

　소통 다도 문화란, 차 시간을 통해 찻자리에서 차를 내는 주인이나, 혹은, 차를 대접받는 손님과 서로 좋은 다담(정담·덕담·청담·미담)을 많이 나눌수록 좋다.

　대화가 부족한 시대에 서로의 삶에 윤기를 더하기 위해서라도 차 문화 교류로 친근한 화합도 도모하고, 인화를 통한 아름다운 공감도 가졌으면 좋겠다.

　다도 전문 교육원인 한국홍익차문화원에서 명명한 주객(主·客) 문화가 있다. 즉 '덕주(德主, 차를 내는 주인)와 덕객(德客, 차를 대접받는 손님)'의 조화는 바로 결합 문화요, 배려 문화라고 할 수 있다. 그리고 덕주와 덕객이 서로 만나서 '덕을 익히고, 덕을 베풀며, 덕을 높이 숭상' 하자는 데 그 목적이 있다.

　또한 내가 먼저 헤아려 주므로 해서, 상대의 따뜻한 배려를 받을 수 있고, 내가 먼저 존중해야 내가 존중받을 수 있는 것이 아닐까. 일상 속의 삶에서도 내가 돋보이는 시간, 내가 중요해지는 순간을 만들면서 살아야 한다. 그래야 자신이 비로소 가장 중요한 사람이 될 수 있다.

　세상살이를 몸으로 겪어 보아야 단단해진다고 했다. 지금부터라도 우리는 대중차의 주인이요, 자기 삶의 주인답게 깨끗한 이미지로 주인공이 되도록 하자.

　아름다운 만남이란, 건전한 교제, 건강한 교제에서 이뤄지는 것이다. 차는 사귐에서 사교성을 길러준다. 차는 만남에 부담을 주지 않으며, 교제를 더욱 활성화하게끔 도움을 준다. 차를 제대로 알면 가까이 지내는 데 신뢰와 믿음이 생기며, 결국 좋은 만남을 만든다.

　찻자리에서 행다례를 할 때, 극진하게 차 우리는 모습에서 잔잔한 감동마저 느낄 수 있다. 이것이야말로 깊은 인정과 좋은 호감을 느끼게 해준다. 누구든지 배움의 첫걸음이 호기심이다. 이 순간의 '인생차' 한 잔이 잊을 수 없는 서로의 마음을 묶어 놓는다. 일생에 못 잊을 좋은 추억을 심어 놓으면, 행복한 삶이 시작된다.

　인간관계에서 깊은 인맥을 중시해야 한다. 상대와 친해지고 싶다면 공통점을 찾고, 상대와 멀어지고 싶다면 차이점을 찾으면 된다. 그리고 사회생활에서 진실한 사람을 알아보는 지혜의 눈을 갖도록 해야 한다. 그러기 위해 이제라도 모든 것을 천천히 되돌아보며, 자기 자신을 새롭게 만들려고 애를 써야겠다.

　노자는 "인생을 물처럼 사는 것이 최상의 방법"이라고 했다. 인생을 유연하게 물처럼 부드럽게 사는 것이 뭐니뭐니해도 최고다. 노자의 상선약수(上善若水, 최고의 선은 물과 같다)처럼, 인생도 물 흐르듯이 사회생활이나 차생활도 물 흐르듯 했으면 한다.

- 최초의 근대소설이며, 불멸의 명작인 『돈키호테』의 저자 스페인의 세르반테스(1547~1616)의 말을 옮기면, '삶에서 정직함은 진실을 사랑하는 마음에서 나온다. 정직함은 이 세상에서 최고의 처세술이다.'라고 했다. 그리고 영국 속담엔 '정직이 최상의 방책이다'라는 말도 있다.
- 예부터 신의 있는 인의 군자나 지조 있는 선비는 명예를 목숨보다 더 중히 여겼다. 그리고 이들은 무한한 도량을 지녔을 뿐 아니라, 큰일을 하는 위인답게 모든 일에 인내로 참을 줄을 알았다. 선비 군자는 어떠한 일이 있어도 굴욕적인 모습은 절대로 보여주지 않는다.

심신다도(心身茶道)

    심신다도 문화란, 차는 몸과 마음을 맑게 하고, 건강한 삶을 만든다. 차에서 삶의 에너지 충전을 위해, 세심차(洗心茶, 마음을 깨끗이 씻어 주는 차)를 적극 권하고 싶다. 평소 몸은 지나치게 관리하면서 마음 관리는 대개가 소홀하다.

    차는 심성을 아름답게 하는 신비로운 문화다. 현대사회에서 현대인은 대부분 마음이 빈곤하다. 대개 쫓기는 사람처럼 먹구름 같은 일상을 살고 있다. 아름다운 우리의 전통 차문화로 미래 국가와 지역에 희망의 기운을 불어넣자. 모두가 함께라면 가능하다. 차문화의 힘으로 부족한 삶의 의식도 찾고, 마음의 여유도 기르자. 그래서 맑고 그윽한 차 한잔을 하면서 망중한(忙中閑)을 즐기자.

    심신을 위한 가장 강력한 치유의 공간이 바로 차문화 공간이다. 차 공간에서 자기의 마음을 가득히 채워 보자. 그것은 곧 자기를 사랑하는 연습이다. 정성이 담긴 차실에서 마음을 살리고, 마음을 살찌운다. 행복한 이 공간이 심신을 살리고, 인생 창조를 위한 좋은 선물이 된다.

차 공간은 유쾌한 일상을 위한 최고의 문화 공간이다. 아름다운 차 습관을 몸에 길들이기까지는, 그 분위기와 그 공간이 필요하다. 차인은 차를 음미하는 것 외에도 다기나 다구를 다루는 재미도 아주 크다.

평소 건강이 제일임을 가리켜, 신외무물(身外無物)이라 했다. 몸이 곧 당신이다. 항상 몸과 마음을 잘 가꾸는 데, 제대로 신경을 쓰도록 해야 한다.

차는 인체의 여러 기능을 도울 뿐만 아니라, 성인병의 예방에도 정말 좋은 역할을 한다. 그래서 녹빛차를 단방약(單方藥)이라고도 부른다. 즉 단용으로는 최고의 영약이요, 묘약이라는 뜻이다. 차는 평생을 마시고 먹어도 탈이 없다.

녹빛차에 있는, 다소(茶素)[1]의 3대 약리작용은 '각성·강심·이뇨'를 돕는다. 그리고 두한족열(頭寒足熱, 머리는 차게 발은 따뜻하게)을 담당하므로, 건강에서 으뜸이라 할 수 있다. 그뿐 아니라 차는 마음에도, 눈에도, 숙취에도, 피부나 피로에도, 휴식이 필요할 때도 역시 좋다.

차생활로 음다기력(飮茶氣力)을 얻기 때문이다. 즉 "차를 음용하면, 기력이 왕성해진다."라고 했다.

그리고 녹빛차에는, 폴리페놀 속의 '카테킨(茶多酚)'이란, 주요 성분이 있다. 이 카테킨은 항암물질의 대표적인 약성을 갖고 있어서,

---

[1] 녹빛차에 함유된 카페인(茶精·茶素)의 3대 약리작용은, 각성작용(覺醒劑). 강심작용(强心劑). 이뇨작용(利尿劑)을 말한다.

인류에게 크나큰 이바지를 한다. 즉 머리를 맑게 하는 성뇌작용, 피를 맑게 하는 성혈작용, 몸에 독기를 풀어 없애는 해독작용, 세균을 멸균하는 살균작용이 바로 그것이다.

여름철 심하게 더울 때는 이다치열(以茶治熱, 차로써 더위를 물림)로 다스리면 좋다. 그리고 족한상심(足寒傷心, 발이 차면 심장에 해가 된다)은, 근접하지 못하게 적극 막아야 한다.

평소 녹빛차를 상용하면, 장수를 하게 한다는 의미에서 끽다자수(喫茶者壽·食茶者壽)라 하며, 나아가 차수(茶壽·江山壽)를 누리게 한다. 고래로부터 녹차는 건강과 행복을 기원하는 장수 문화로 잘 알려져 있다. 장락만년(長樂萬年·萬壽無疆·壽福康寧·守保康寧)을 만끽하자.

차는 마음의 탁한 기운을 쏟아내며, 몸과 마음을 정화하므로 고민이 사라진다. 차를 대하면 마음을 차분히 가라앉힐 수 있다. 우리는 다도 문화를 통해 일상의 삶 속에서도, 항상 깨우치면서 한 걸음 한 걸음 나아가야 한다. 평소 차인은 음다유절(飮茶有節)에 유의해야 한다. 즉 차를 조절하여 마시라는 뜻이다. 그리고 지나치게 마시는 통차(痛茶)도 멀리해야 한다. 아무리 좋은 차(茶)라도 과하면 오히려 독이 된다는 사실을 잊지 않도록 해야 한다.

- 끽다할 때 기본 세잔에 담긴 의미 : 첫째 잔은, 깊은 향(香)으로 마시고 둘째 잔은, 오묘한 맛(味)으로 마시고 셋째 잔은, 건강이 담긴 약(藥)으로 마신다(약으로 드린다).

〈마음을 다스리는 법〉

심신의 연마에는 '호흡법·앉는 법·걷는 법·자는 법'의 네 가지 심법이 있다고 한다. 즉 내공을 증진하기 위해서 하는 수련법이며, 인간의 정신적인 능력을 향상케 하는 좋은 방법이다.

― 마음을 정하면 정을 잊을 수 있고
― 몸이 허하면 기운을 차리고
― 마음이 죽으면 정신이 살며
― 양기가 성하면 음기가 소멸한다.
― 잠잘 때는 머리를 비우고
― 정진할 때는 잡념을 버려야 되며
― 혼이 움직여도 안 되고
― 정신이 밖으로 새도 안 된다.

"마음을 정하면 정을 잊을 수 있고, 몸이 허하면 기운을 차리고, 마음이 죽으면 정신이 살며, 양기가 성하면 음기가 소멸한다. 그리고 잠잘 때는 머리를 비우고, 정진할 때는 잡념을 버려야 되며, 혼이 움직여도 안 되고, 정신이 밖으로 새도 안 된다."라고 하는 것이다.

여성 다도(女性茶道)

여성 다도 문화에서는 대표적으로 '규방 다도(閨房茶道)'와 '규수 다도(閨秀茶道)'로 크게 나눌 수 있다.

규방 다도 문화는 부녀자(부인)들의 차생활 전반을 말한다. 부녀자는 그동안의 많은 경륜과 더불어 중후한 품격의 소유자라고 할 수 있다. 그래서 자연스럽게 다법을 펼치는 행다의 모습에서 제대로 품위 있는 차인의 멋을 엿볼 수 있다.

특히, 무대에서 시연(試演)하는 행다(行茶)는 예술 행위(퍼포먼스)로 표현되기 때문에, 차인으로서의 긍지와 자부심마저 느낄 수 있게 된다. 그리고 품다(品茶)를 위한 행다는 '몸이 기억하는 행동'이어야 한다. 즉 다법은 많은 동작들을 순서대로 묶어 놓은 것이므로, 소중한 기억의 흐름에 따라 자연스레 차를 우리고, 대접하는 과정을 펼칠 수 있게 된다는 뜻이다.

어쨌든 무대에서의 행다례는 몸이 저절로 반응하도록 해야 한다. 그리고 행다법을 할 때는 몸과 마음 전체가 하나되어서 해야만 된다. 이처럼 행다에서 몸과 마음 모두를 집중하게 되면, 그것이 바로 아름다운 행다의 모습이 아니겠는가. 무대 시연에서 차를 다루는 규방 다도의 덕주 솜씨가 우아하고, 매력적이며, 멋있어 보일 뿐만 아니라 대견해 보이고 흐뭇해 보인다. 그리고 평소 차인답게 전문인답게 차실 문화를 잘 활용해야 한다. 즉 나를 즐겁게 하는 아름다운 차 공간에 머무는 것을 좋아해야 한다. 이런 문화 공간이야말로 나를 표현할 뿐 아니라, 차 공간이 차 주인을 말해 주기도 한다.

　기분 좋은 나만의 차문화 공간은 바로 사색의 공간, 소통의 공간 외에도 나를 위한 내면의 공간이 될 수 있고, 행복한 차 한잔을 마실 수 있는 차인의 휴식 장소가 되기도 한다. 그렇다면, 꾸준한 차 생활에서 득차(得茶)한 모습이 보여야 한다.

　명가 규방의 다도 사범이 바로 중심인물이며, 오랜 시간 높은 차 수련의 기간을 가졌으므로, 숙련된 솜씨로 규방 다도에서 완성된 원숙미를 느낄 수 있어야 한다.

　부인(婦人)의 아름다움이란, 마음에 큰 주름이 없는 생활 자세와 초월함에서 오는 여유와 당당함이 아니겠는가. 아무쪼록 자기의 삶을 다도 문화와 더불어 행복하게 즐길 수 있길 바란다.

　규수 다도 문화란, 아가씨들의 참신한 차생활 다도 문화를 말한다. 젊은 규수들이 참가하는 차 행사를 보면, 무대 차 음악에 맞추어 펼치는 행다의 섬세한 자태가 너무도 아름답다. 그리고 출연한 주인공의 우아한 모습 때문에, 다중(茶衆)들의 감동을 크게 받는다고 하겠다.

명문다가 혹은, 차인지가(茶人之家)의 성숙한 처녀인 차인 규수는, 평소 몸과 마음가짐을 바르게 하고, 항상 차덕(茶德)을 쌓아 차복(茶福)을 누리도록 힘써야 한다. 그리고 발표 무대에서는 반드시 차별화된 사람 중심의 다도를 시연해 보이도록 해야 한다.

차인의 의상은 한마디로 '다심을 입었다.'이다. 일상생활에서 자유로운 의상을 입더라도 격에 맞게 잘 입는 것이야말로, 자기를 최소한 존중할 줄 알기 때문이다.

옷이 사람을 만들고, 또한 차인을 만든다. 옷이 날개다. 특히 젊을 때 푸른 세월 그냥 다 보내지 말고, 인생의 참 의미를 함축하는 행복한 삶을 살아야 한다. 진심으로 응원을 보낸다.

- 종교계 의상을 보면, 스님은 법복, 신부는 사제복, 목사는 예복이라고 한다.
- 우리는 간혹 타인의 죽음을 통해서 얻는, 인생의 통찰력이 필요하다. 대개 죽음을 의미하거나 표현하는 단어들을 보면, 불교는 적멸, 입적, 열반이고, 가톨릭은 선종이며, 개신교는 소천이다. 일반적으로는 사람들의 업적이나 혹은 공적에 따라, 사망, 별세, 타계, 작고, 영면, 서거, 운명, 임종 등을 사용한다. 순수 우리말로는 대개 숨지다, 돌아가시다, 잠들다, 눈감다. 세상을 뜨다. 하늘나라로 가다, 죽어서 땅에 묻힌다는 뜻에서, 땅보템이라고 하고 있다. 그 외 밥숟가락 놓다, 송장 되다, 사라졌다, 저승으로 떠났다고 한다.

인간의 한계인 죽음을 인식할 때, 삶에 더욱 큰 의미를 부여하게 되고, 우선순위를 정하게 된다. 아무쪼록 후회하지 않는 삶을 위한 우선순위와 가치를 중심으로 자기의 소중한 삶을 살아야겠다.
• 차는 종교와도 관계없이 남녀노소 누구나 자연스럽게 할 수 있으며, 언제 어디서나 차를 대하여도 부담이 없고, 차를 하는 모습 또한 대단히 아름답게 보인다고 하겠다. ―1999년《茶談》봄호,「헌다는 기원이 담긴 정신문화」에서

〈다기(茶器) 부부연(夫婦緣)〉

다기의 부부연이란, 천지지연(天地之緣)이요 / 천지인연(天地因緣)의 의미인 / 음양지연(陰陽之緣)이 되어 / 부부지연(夫婦之緣)으로 탄생한다. 이처럼 다기연은 부부연과 같아, 서로의 연분 관계에 대한 깊은 뜻을 담고 있으며, 나아가 '민족의 본질과 삶의 소중한 가치'가 형성되어, 우리 전통과 문화의 중요성을 일깨워 주고 있다. 또한, 부부의 연이나 가족의 연은 생명 존중 사상과 사랑, 그리고 행복이라는 가정 중심의 건전한 문화로 발전하게 되었다. 우리의 전통문화인 다도와 다기 문화에도 이와 같은 차문화 역사가 존재하고 있다.

오감다도(五感茶道)

오감다도란, 차의 오묘한 맛을 얻을 수 있고, 그 오묘한 한 잔의 차로 깨달음을 얻을 수 있다. 또한 오감 만족으로 자기만족을 느낄 뿐 아니라, 차의 깊은 오미를 즐길 수 있다는 것이다.

오감은 세상에서 정보를 받아들이는 통로다. 오감으로 느끼는 한 잔의 차 맛을 얻기 위해 차 애호가들은 정성(열성)을 다한다. 그리고 오감의 쇠퇴 순서는 '시각·청각·후각·미각·촉각'의 순이다.

차의 오미는 인생의 맛과 같으며, 인생 칠정의 축소판이다. 오미는 학계에서 공식적으로 다섯 가지뿐이지만, 오미야말로 경이로운 맛이다. 오미란 '단맛(감미甘味)·쓴맛(고미苦味)·신맛(산미酸味)·짠맛(함미鹹味)·떫은맛(삽미澁味)'의 다섯 가지 맛이다. 여기서 매운맛(辛味)과 짠맛(鹽味)과 감칠맛과 고소한 맛 등은 차의 오미에 들지 않는다.

- 송광사 구산선사(九山禪師, 1910~1983)의 별호는 '석사자(釋師子)'이다. 구산선사의 차 경구라 할 수 있는 '선차시'를 보면, "일완은근일미신

(一碗懃懃一味新)" 즉 "차 한잔에 은근한 맛이 새롭다."라고 설파했다.
- 인생의 참맛이란, 매일매일 반복하는 조그만 노력에 의한 결합이다. 상상도 못할 좋은 결과를 원한다면, 상상도 못할 최선을 다해야 한다. 그래야 비로소 얻을 수 있다. 인생은 고뇌의 시간을 통해 고뇌의 맛을 얻고, 쓴맛의 인생을 겪어야 참 인생의 맛을 안다고 했다.
- 음양·오행 다도 문화는 '음양오행과 항렬(行列) 문화'를 합친 다도라 할 수 있다. 다도에서 항렬 문화는 한국의 전통 기본예절 문화로써 잘 지켜져야 한다. 또한 항렬은 문중의 중요한 규율이요, 전통 있는 가문의 오랜 품격이다.
- 차를 제대로 즐기는 법. 첫째, 난심(亂心)에서 벗어나야 한다. 둘째, 차를 정성껏 우려내야 한다. 셋째, 주객이 아름답게 화합해야 한다. ―'홍익다법' 중에서

〈유좌지기(宥坐之器)〉

유좌지기(宥坐之器)란, 항상 곁에 두고 보는 그릇이라는 뜻. 즉 자신이 앉은 자리의 오른쪽에 두어 늘 자신을 경계하는 데 쓰는 그릇을 말한다. 마음을 적절한 선에서 스스로 가다듬기 위해, 항상 곁에 두고 보는 그릇이다. 이 잔의 특징은 '속이 비면 기울어지고, 가득 채우면 엎질러지고, 알맞게 물이 차야만 바로 서는 그릇'이다. 자신의

마음이 너무 지나치거나 모자라지 않게끔, 평정심을 유지하라는 비유다. —공자가어(孔子家語)

- 계영배(戒盈杯)란, 예로부터 넘침을 경계하는 잔으로써 '과음과 절제와 겸손'을 가르치는 잔이다. 일명 절주배(節酒杯)라고도 한다.
- 군자불기(君子不器)란, 군자는 그릇이 아니다. 참된 인물은 언제나 편협되지 않는다. 즉 사람은 만들어 가는 대로 끊임없이 변화하고 발전할 수 있으니, 자신의 한계에 매달리지 말라는 뜻이다. —논어 위정편

웰빙 다도

 웰빙(Well-being) 다도 문화란, 육체적·정신적 건강의 조화를 통한 현대인의 참살이 다도 문화이다. 그리고 안락한 생활을 지향하는 삶의 유형 또는 문화현상을 말하기도 한다.
 일상에서 건강한 삶의 지혜를 더하는 웰빙 다도는, 차생활을 통해 행복한 삶을 추구하는 것이라 하겠다. 그리고 삶을 좀 더 충만하게끔 하기 위해서는 심신의 건강관리가 더없이 필요하다.
 녹빛차(綠茶)는 일명 '웰빙차'로 익히 잘 알려져 있다. 녹빛차 생활에서 면역력을 보완하여 생체리듬을 살릴 뿐 아니라, 스트레스를 받더라도 웰빙 다도를 통해 자연스레 해소하는 요령을 터득하게 된다. 또한 웰빙 차문화를 통해 심리적 도움도 많이 받을 수 있어 좋다고 하겠다.
 웰빙 다도 문화는, 심리적인 안정뿐만 아니라, 몸과 마음의 치유나 회복에도 좋으므로 어려운 일이 있거나 생기면, 차로 달래며 힐링하면 된다는 것이다.
 그리고 세상에서 외롭고 힘든 사람일수록 내면이 망가지기 쉽다.

이럴수록 차생활로 서서히 힐링하면서 치유하라고 권하고 싶다. 옛말에도 근심 때문에 살고, 안일함 때문에 죽는다는 말이 있다.

차는 힐링의 문화다. 도시인은 시골을 찾아 힐링하고, 문화인이나 차인은 문화 공간이나 차 공간을 찾아 힐링한다. 이것은 차나 차 공간에는 힐링의 좋은 기운이 살아 있기 때문이다.

> • 영혼의 치유자로 잘 알려진 장자[1]의 유명한 말인 '소요유(逍遙遊)'는 장자 사상의 중요한 특징이며, 장자의 인생관이다. 소요유(逍遙遊)를 해자로 풀면, '소(逍)'자는 소풍 간다는 뜻이고, '요(遙)'자는 멀리 간다는 뜻이며, '유(遊)'자는 노닌다는 뜻이다. '소요유'에는 묘하게도 글자 세 자가 모두 책받침 '변(辶)'으로 되어 있다. 책받침 변은 원래 '착(辵)'에서 온 글자인데 '착'이란, 그 뜻이 '쉬엄쉬엄 갈' 착 이다. 소요유를 제대로 하려면, 세 번을 쉬어야 한다. 갈 때 쉬고, 올 때 쉬고, 또 중간에 틈나는 대로 쉬어야 한다는 의미이다. 즉 인생에 있어 '일'을 권하는 것이 아니라, 인생을 멋지게 즐기기 위해 '소풍(逍風)'을 권하는 내용이다. 이제는 우리도 여유를 가지고, 조금씩 쉬어 가면서 살았으면 좋겠다. ―출처, 「장자, 영혼의 치유자」 중에서

---

[1] 장자(莊子, 기원전 365?~290?), 중국 전국시대의 사상가, 노자의 사상을 이어받아 도가 사상을 완성시켰다. 또한 운명과 자연 그대로 사는 '무위자연(無爲自然)의 길'을 부르짖었으며, 늘 유유자적한 삶을 즐겼다.

〈테라피 다도〉

차를 통한 건강으로 인해, '위로와 공감'을 얻을 수 있는 심리치료 요법의 한 방법이다. 다도 생활은 마음을 닦는 차 수련이며, 또한 차는 아픈 상처를 아물게 하는 명약이다. 평소 우울하거나 힘들 때 차우림을 하면, 정서에 의한 도움이 되므로 심리적 '카타르시스'를 느낄 수 있다. 그리고 차 시간을 통해 나쁜 감정을 해소하여, 좋은 기분으로 전환하는 심리적 작용으로 인해, 정신의 안정을 찾고 마음을 정화하는 일이 생길 수 있다.

〈솔루션 다도〉

차와 더불어 행복하게 잘사는 삶의 문화를 추구하는 것이다. 그리고 건강기능 향상 등의 해결책도 자연스럽게 강구하게 된다. 차인의 삶은 일상생활 속 실천에 있다. 즉 복 속에 화가 있고, 화 속에 복이 있기 때문이다. 그래서 악(惡)은 작아도 멀리하고, 선(善)은 작아도 가까이하면서, 기(氣)가 살아 있는 건강 차생활을 꾸준히 해야만 좋다. 어쨌든, 차인이나 차 애호가답게 차덕을 잘 닦으면 자신을 제대로 지킬 수 있고, 좀 더 나아가 행복할 수도 있다. 무엇이든 절실함이 부족하면 안 된다.

인성다도(人性茶道)

사회생활에서 인성다도 문화는 성숙한 '인성론'이 필요하다. 세상은 평범한 것이라면, 누구도 원치 않는다. 미래를 만나기 위해선 자기만의 독특한 세계를 구축해야 한다. 차가 마음이듯, 인생이 곧 인성이다.

어떤 사람을 만나고, 어떤 책을 읽고, 어떤 배움을 받았느냐에 따라서, 사람의 인성과 인생은 큰 영향을 받는다고 했다. 다도 생활은 인성을 통해 인생을 한결 우아하게 만든다. 다도 문화와 더불어 인생을 관조하는 지혜를 잘 배워야 한다.

그리고 우아하고 향기로운 삶을 얻는 방법 세 가지가 있다. 첫째, 얼굴을 펴면 인상이 좋아진다. 둘째, 허리를 펴면 일상이 좋아진다. 셋째, 마음을 펴면 인생이 좋아진다고 한다. 그러니 아무리 삶의 무게로 지치고 힘들어도 얼굴과 허리와 마음을 펴고 살아야 된다.

또한, 삶을 살면서 꼭 지켜야 할 황금 규칙이 있다. 첫째, 분노(성냄) 금지. 두 번째, 욕심 과다 금지. 세 번째, 신의(믿음과 의리)를 저버리는 행위 금지이다. 특히, 그중에서 세 번째 신의(信義)가 있어야 사람과 삶과 세상을 아름답게 만들 수 있다고 했다.

인성 다도 교육은 자기의 내면을 가꾸고, 타인이나 공동체와 더불어 살아가는 데, 더없이 필요한 역량을 기르는 좋은 교육이다. 다함께 살아가려면 배려와 존중은 당연한 필수다. 서로 존중하고 배려하는 관계 형성 교육은 인성교육에서 중요한 영역이다. 평소 사소한 것일지라도 다른 사람을 존중하고 배려하며, 그를 위해 열려 있는 참으로 고운 마음의 행동이야말로, 그 자체가 아름다운 것이다. 특히, 차인 생활에는 늘 감사하면서, 즐겁게 사는 맑고 푸른 녹빛차 같은 마음을 지녀야 한다.

그리고 올바른 인성을 함양하기 위해, 핵심 가치와 덕목으로 강조하는 것이 바로, 효와 예이다. 효와 예가 중요하다는 건 다들 알고 있으나, 모두 잘 실천하고 있는지가 문제라 하겠다. 이제라도 우리 차인들은 인성 다도 문화와 교육을 통해 '밝게 알고 올바르게 행하도록 힘쓰자.'

차인은 인격이 담긴 언행으로 살아야 한다. 사람의 모든 언행은 그 사람의 크기 정도일 수밖에 없다. 타인의 인격도 존중해야 한다. 인격의 존엄성을 가슴에 새기자. 차인의 도리(道理)는 공인으로의 도리다. 그래서 항상 표리상응(表裏相應·表裏一體)해야 한다. 그렇지 않고 표리부동하면 안 된다. 겉과 속이 다른 표현은 하지를 말자. 표리부동이란, 겉은 훌륭해 보이나, 속은 그렇지 않다는 뜻이다. 말과 행동이 일치하지 않음을 말한다.

그리고 양두구육(羊頭狗肉)이 되어서는 안 된다. 즉 '양의 머리를 내걸고, 개고기를 판다'는 의미이다. 양두구육이란 말은 너무도 좋지만, 내실이 따르지 못함을 이르는 말이다. 말은 사람의 품격이나 인격을 재는 잣대이다. 품격의 품(品)은 입구(口) 자 셋으로 만들어진 글자다. 입을 잘 놀리는 것은 사람의 고매한 인품과 품위를 가늠하는 척도라는 것이다. 논어에서는, 입을 다스리는 것을 군자의 최고 덕목으로 꼽았다. 군자의 군(君)을 보면, '다스릴 윤·바를 윤(尹) 아래' '입구(口)'가 있다. 즉 '입을 잘 다스리는 것'이야말로 군자라는 뜻이다. 세 치 혀를 잘 간수하면 군자가 되지만, 잘못 놀리면 한순간에 소인배로 추락한다는 뜻이다. 예로부터 성인군자는 죽음이 두려워 구차하게 살지 않았다는 것이다.

자연다도(自然茶道)

    차는 자연이 선물한 최고의 종합 문화로써, 자연이 품은 자연 에너지로 생명의 기운을 얻는 것이다. 차를 추출해서 마시는 차생활은, 오로지 자연의 기(氣)를 섭취하는 자연 취미 생활로써 자연미 생활이다.

    녹빛차는 비발효차로써, 비교적 약성이 그대로 살아 있는 자연의 차라서 더욱 좋다. 인생의 모든 순간을 천연 녹빛차와 함께 생활하므로 해서 맑은 정신을 얻을 수 있고, 또한 자연과 교감하는 생활 속에서 깨어 있는 삶을 살 수 있어 더욱 좋다.

    옛 선비들은 찻물 끓이는 소리를 일찍이 송풍회우(松風檜雨)라 하여, 자연의 소리에 비유하기도 했다. 송풍회우란, 솔바람과 전나무의 빗소리로써 '자연의 맑은 고운 소리'를 의미한다.

    차인의 삶이란, 오직 자연과 진리에 순응하며, 차를 사랑하는 순수한 마음 하나 가슴에 담고 아무런 탐욕 없이, 물 흐르듯 구름 가듯 여유롭고 아름답게 그냥 그렇게 살아가면 된다.

    녹빛차는 차의 기본이며, 차의 대명사다. 그래서 세계 차의 중심에는 항상 녹차(綠茶)가 존재한다.

첫물차는 이른 봄의 곡우 전에, 일창일기(一槍一旗·一芽一葉)나 일창이기(一槍二旗)를 채엽(採葉)해서, 제다(製茶)한 차를 '우전차(雨前茶)' 혹은 '특 우전차'라고 한다. 찻잎(茶芽)이야말로 자연이 준 선물이며, 하늘이 내린 귀한 영약이다.

차 한잔을 할 때마다, 차의 무한 생명을 만나는 것 같아서 좋다. 이처럼 특이한 묘약이라 할 수 있는, 차나무 잎을 원료로 한 차 중에는, 유일하게 발효하지 않은 녹빛차나 말차(가루차)밖엔 아무런 차도 없다. 녹빛차는 몸에 쌓인 수분과 노폐물을 밖으로 내보낸다. 그리고 피를 맑게 하며, 해독작용이 뛰어나고, 지방 대사를 활성화하며, 장내의 나쁜 균이 번식하는 것을 막아주며, 살균력을 높인다.

차인이 남을 몹시 미워하면 온몸의 피가 탁해지고, 내 마음이 지옥일 때는 삶이 무진장 무겁고 어두우며, 무척이나 어려워진다. 그렇지만 항상 마음을 곱게 쓰면, 병이 잘 오지를 않는다.

그러므로 차를 사랑하는 사람은 일상에서도 밝고 느긋하게 차 한잔을 나누면서, 차복과 차덕을 통해 행복하게 살아가도록 노력해야 한다.

불행은 욕심에서 일어난다. 만약 바라는 것이 있으면, 꾸준히 노력하면 될 것이다. 차인은 차 수행을 통해 깨달음을 얻도록 힘써야 한다. 차의 일깨움이라든지, 차의 아름다움은 항상 낮은 곳에 존재한다. 그리고 맑은 차는 정직함과 검소함을 일깨워주는 좋은 스승이다.

- '茶'자를 파자(破字)로 해석하면, 풀과 나무 사이에 사람(차인)이 있다. 차는 자연과 인간의 조화를 상징한다. 한자의 '茶'자(字)는 글자를 합쳐서 만들었다. 이런 글자를 회의문자(會意文字)라 한다. 그리고 3층 집을 가진 '茶'자는 '자연과 인간과의 일체감·천지 만물과의 일체감'을 비롯하여, 인간의 '衣·食·住'와 삼재인 '天·人·地'와 '108 숫자'를 뜻하며, '차와 자연과 인간'의 공존을 의미하기도 한다. 그리고 여기서 108은, 인간의 백팔번뇌(百八煩惱)와 차인의 차 나이 108세인 차수(茶壽)를 나타내기도 한다. 또한 '茶'자는 '艸+人+木' 즉 '초·인·목'이 어울려 된 글자이다.
- 아이의 백일 옷은, 아이가 100일 되는 첫돌 때 입는 옷으로써, 천 조각 100개로 정성을 들여 만든다. 즉 아이가 100살까지 무병장수(無病長壽)하라는 깊디깊은 의미가 담겨 있는 옷이다.

차인은, 흙으로 돌아갈 때 가더라도, 살아서 인간의 도리를 다해야 한다. 다도에는 다채로운 종합 문화예술이 있고, 익숙함의 미학이 존재한다. 찻자리에 있는 사람은 아름답게 보이고, 다도를 즐기면 사람을 겸손하게 만든다. 차생활을 꾸준히 하면, 차 정신이 삶의 이정표(里程標)가 되며, 또한 자기 안의 튼튼한 뿌리로 자라 차 인생에 도움을 준다. —차샘 「유다백송(幽茶百頌)」에서

〈녹빛차 사랑〉

차인으로 건강한 하루와 행복한 인생을 위해 차의 기본이요, 차의 중심이며, 차의 대명사인 녹빛차의 속멋과 그윽한 향기를 소유하지 못하거나 놓친다면, 자신의 차 인생은 아무 데도 쓸모가 없다고 감히 말할 수 있다.

우리는 늘 바쁜 일상에서도 차 한 잔으로 누릴 수 있는 것이 참으로 많다. 차생활이나 차우림을 통해서 자신의 성찰은 물론, 마음속에 채워야 할 차의 정신과 깊고 오묘한 차 맛의 이치야말로, 우리의 삶과 인생을 제대로 음미하게 만든다.

인생사나 세상사를 위로해 주는 영약이요, 우리 몸에 좋은 보약인 녹빛차로 언제나 자신을 찾아볼 기회를 가질 수 있고, 나아가 차문화의 힘인 여유와 힐링의 차 시간은, 진정한 친구처럼 가깝고 부드럽고 정겹게 다가온다고 할 수 있다.

차를 사랑하면, 녹빛차 생활로 좋은 독락다도와 명상선차를 얻을 수 있을 뿐만 아니라, 보시차의 핵심처럼 자연스레 차를 나누면서 즐겁고 아름다우며, 또한 잊을 수 없는 차 인생에 대한 멋진 낭만과 추억을 만들 수 있으므로 적극 권하고 싶다.

오늘도 차 수련에서 다송진경(茶頌眞經)이라 할 수 있는 다수송[1]을

---

1 다수송(茶修頌)은 차 수련을 위한 암송용으로, 필자가 만든 게송이며, 이것을 읽거나 암송하는 행위는 결국 차 수행의 한 과정이라 할 수 있다.

다심(茶心)에 고이고이 새기면서…….

〈차는 마실수록 좋다〉

　차 마시는 습관을 보면, 대개 그 사람의 내면을 살피는 데, 훌륭한 매개체가 될 수 있다. 또한, 차생활은 평범한 일상을 좀 더 보람되게도 할 수 있을 뿐만 아니라, 녹빛차를 우리거나 마시면 무엇보다 긴장을 풀어주고, 나만의 차 시간으로 자기를 제대로 반추해 볼 수 있어 좋다. 우리의 전통차는 절제된 자기관리나 사회적 인간관계에서 여전히 중요한 매개 역할을 하며, 아울러 녹빛차는 차의 묘약으로써 심신에 큰 도움을 주고 있다. 그래서 민족의 위대한 차문화는 일찍이 생활 속 차문화로 자리를 잡을 수 있었다. 평소 접빈을 위한 차 시간에도 상대에게 깊은 다심을 가지고, 덕담을 자연스레 나눔으로써 더욱 친숙해질 수 있다. 그런가 하면 상대에게 좋은 이미지를 안겨주는 올바른 정신문화요, 민족의 다도문화이다.
　오늘날 현대인의 도시 생활은 외부 상황의 여러 영향을 끊임없이 받는 추세다. 생각 외로 많은 관계나 문제들을 이해하면서 해결하는 데도, 엄청 스트레스를 받는다. 이럴수록 차를 가까이하면 자기감정을 차분하게 잘 조절할 수 있어, 정신건강에 더없이 도움이 된다.

차는 언제나 기다림의 미학 속에서 조용히 음미하게 되면, 확고한 신념을 키울 수 있다. 때론 무의식 속에서도 스스로 긍정적인 의지의 행동과 예의 바른 삶을 통해서, 질 높은 차 인생을 즐길 수 있기 때문이다.

결과적으로 늘 믿고 마시거나 권할 수 있는, 우리의 녹빛차로 정성이 담긴 차생활을 지속하게 되면, 차문화가 힘이 되고 위안이 되며, 특히 급한 성격이나 모난 품성을 자신도 모르는 사이 조금씩 시나브로 되어 바꿔나갈 수 있을 것으로 믿어 의심치 않는다.

〈도법자연(道法自然)〉

도법자연[1]이란, "도는 자연의 법을 따른다."라고 하는 뜻이다. 즉 도는 자연의 법칙(法則)을 본받아야 한다는 의미이다.

다도(茶道) 역시 자연의 법을 따르는 자연미 생활(自然美生活)이라고 할 수 있다. 그리고 인간은 자연의 존재이므로 자연법을 거역해서는 안 된다. 자연의 법칙을 따르는 일은 바로 자연의 이치일 뿐 아니라, 자연을 대하는 숭고한 일이다. 특히 도의 길을 추구하는 차인이라면, 차와 차문화의 교훈[茶訓]이 되는 다도 정신을 통해서 더욱 실감할 수 있을 것이라 믿는다.

---

[1] '도법자연'의 출전은, 노자의 도덕경(道德經)이다.

어쨌든, 우리는 일상생활 속에서 늘 소중한 정통차(正統茶)를 잊지 말아야 한다. 또한, 차인으로서 여유롭고 진지한 차 수행을 통해, 반드시 번뇌(煩惱)로 인한 미혹에서 벗어나, 깨달음을 이루도록 최선을 다해야 한다.

전통 다도(傳統茶道)

전통 다도 문화란, 수천 년 내려오는 차와 문화를 농축하고 함축된 진액을 담아 놓은 것을 말한다. 차문화는 과거와 현재를 결합해서 잇는 융합문화로써 역사의식을 잘 갖추고 있어, 차생활 문화 속에서도 유익하게 활용되고 있다. 이제 우리도 이 소중한 민족 유산인 정통 다도 문화를 미래로 잇는 노력과 작업이 절실히 필요하다고 하겠다.

아름다운 세월의 향기 문화인 다도 문화는, 우리의 삶에서 바로 실천 학문이다. 또한, 전통 다도는 수천 년의 숨결이요, 수천 년의 전통 미학을, 온고지신이나 법고창신의 정신으로 보존하고 발전시켜야 한다.

차는 예로부터 우리 마음의 뿌리이며, 다도 문화는 우리 마음의 꽃이다. 그래서인지, 때론 차문화의 내면으로 깊이 들어가고 싶은 심정이다.

일체의 물체를 구성하는 '지(地)·수(水)·화(火)·풍(風)'의 사대 요소 중에, 불의 독특한 습성은 태우는 것이다.

불을 사용해서 외로움·절망·고통·우울·걱정 등은 모두 말끔히 태워 버리자.

그리고 희망의 불, 생명의 불이면서 도가 있고, 문화가 있는 다도의 불은 잘 가꾸고 소중히 간직하여, 아름다운 미덕과 화합으로써 불을 밝히고, 배려와 사랑과 섬김의 불로 세상을 구석구석 따뜻하게 하며, 전통 차문화의 불로 차를 정성껏 우려 마음을 살찌우도록 하자.

차 공부는 우리에게 삶을 들여다보게 하며, 삶의 새로운 의미를 찾게 하는, 즐겁고 신선하고 감동적인 인생 수련이다. 그래서 어떤 일을 도모하던 근본과 원칙은 흔들리지 않아야 한다. 그래야 아무 탈 없이 무탈하게 큰일을 할 수 있고, 발전을 도모할 수 있지 않겠는가. 예부터 복은 받는 것이고, 덕은 쌓는 것이니, 당연히 차복(茶福)보다 차덕(茶德)이 더 소중하고 더 좋은 것이리라.

그러나 많고 많은 사람이 인복을 원하면서도 인덕을 쌓는 일에는 참으로 인색하다고 하겠다.

그렇지만 차인의 생활이라면, 평소 타인을 조금이라도 배려하고, 늘 감사하는 마음가짐을 지니려고 노력하는 것도 정말 의미 있고, 가치 있는 일이다. 이와 같은 일들이 곧 차복과 차덕을 쌓는 일 중에 하나라고 할 수 있기 때문이다.

차 수행자인 차인이여! 부디 잊지 말고, 오늘도 차덕을 쌓는 일에 최선을 다하도록 힘쓰자.

- 차 공부를 위해서는 최초의 경서로 자리잡은, 당나라 육우의 『다경(茶經)』이 있다. 후학들이 육우(陸羽)의 격을 높여, 차신(茶神)과 차성(茶聖)과 육자(陸子)라고 칭한다. 그리고 육우의 『다경』은 차계에서, 곧 바이블이요, 달리 다성경(茶聖經)의 문화라고도 한다.

- 좋은 차 한잔은 영혼을 살찌운다.
- 다도로 수련해 차심의 공간을 넓히자.
- 우리의 심차(心茶)는 한국의 녹빛차이다.
- 차는 정성껏 우리고, 몸은 오감과 오미로 느끼며, 마음은 스스로 내린다.

—차샘 「다훈집(茶訓集)」에서

정서 다도(情緒茶道)

전통 다도 문화에서, 정서 다도는 정서 순화와 정서 함양에 기여하고 있으며, 나아가 차생활과 정서적 유대를 잘 맺고 있다.

차문화에는 인간이 떠올리는 민족성의 회고적인 정서[1]가 잘 나타나 있다. 우리의 문화인 다도를 함으로써, 우리의 메마른 정서 순화와 정서 함양을 위한, 사색의 공간을 넓혀줄 뿐 아니라, 사색을 통해서 진짜 나를 만날 수 있어서 좋다.

차인이 차 시간을 통해 차의 현묘함을 터득할 수 있음은 물론, 잘못한 회오(悔悟, 잘못을 뉘우치고 깨달음)를 마음에 새길 수 있어서 다행이다.

우리의 가슴에도 차를 사랑하는 마음이 녹향처럼, 문화 향기처럼 그윽하게 피어났으면 한다. 그렇게 하려면 우리라는 '공동체 의식'의 고양(高揚, 높이 선양함)이 무엇보다 필요하지 않겠는가.

---

[1] 문학평론가 이어령(李御寧, 1833~2022)의 저서 『차 한잔의 사상』에 보면, 우리 민족은 역사적·문화적으로 '한의 정서'를 많이 가지고 있는 편이다. 라고 했다.

- 옛날에 "차 마시던 사람은 신선이 되어 올라갔고, 하계(下界) 사람이 사는 세상에서는 잘못되어도 맑고 어진 사람이 될 수 있었다네." ─출처, 조선말의 문신인 박영보(朴永輔) 선비 차인이 남긴 말
- 우리는 하루 종일 세속에 얽매어 영혼 없이 살고 있다. 이제 바꾸어서 사색을 즐기고, 차를 나누고, 마음을 가꾸며, 인생의 깊은 여유와 의미도 찾으면서, 행복한 삶을 살았으면 한다.

〈茶詩─차 한잔〉

한바탕
불이 되다가
바람이 되다가
한 그루 자생 차나무가 되다가
언젠가는
자유로운 나비가 되고 싶다.

온종일
들꽃만 바라보다
산자락에 지천으로 핀 무명초 하나와

눈이 맞는다.
무명의 영롱한 눈빛에 한동안 몰입하다
이내
허무와 만나는 기쁨인 것을

아, 입으로 가슴으로
때론
온몸으로
차 한잔 마시고
가는 인생……

■ 시평 노트

　현대시는 미술과 함께 많은 변화의 역사를 거쳐 왔다. 시가 원래 인간의 사상과 감정 및 의미를 기술하는 장르에서 '미학적 표현' 혹은 '함축적인 세계' 등을 강조해 온 것은 다 아는 사실이다.
　시 「차 한잔」의 저자 최정수 씨는 상당한 경력을 지닌 문인 다도가로서 '생'을 진지한 태도로 오랫동안 살아온 분으로 여겨진다.
　제1연 '불이 되다가' '바람이 되다가' '차나무가 되다가' '자유로운 나비가 되고 싶다'는 표현은 시인이면 누구나 겪어 보고 싶어하는 세계이다. 저 표현을 짧은 5·6개의 문장으로 형상화한 데 그의 시의 특징이 있다. 의미적인 측면으로 해석하자면, 제1연은 '의식의 변화'를 이름이다.

 제2연은 '생의 허무와 작자의 만남'을 기술함인데, 들꽃→무명초→무명의 영롱한 눈빛→허무와 만나는 기쁨 등으로 이행하는 과정이 자연스럽다. 그 경우 '자연스럽다'와 '진실하다'는 동의어로 해석되어도 좋을 듯싶다.

 제3연의 최종행은 작자의 시선이 '긍정적'이라는데 주목이 간다. '기쁨'이라는 시어가 그것이다. 어차피 '허무와 만난다면' 그를 '기쁨'으로 받아들이는 것과 정반대로 받아들이는 상황하고는, 그 결과에 있어 상당한 격차가 있는 것이다. 그 때문에 다음 최종 연에서는 미학적으로 경쾌한 시행과, 함축적인 시행이 선보이는 것이다.

 즉 "아, 입으로 가슴으로 / 때론 / 온몸으로 / 차 한잔 마시고 / 가는 인생……"이라는 것이다. 다시 말하면 작자는 '생'을 '차 한잔 마시고 간다'라고 하는, 적절한 비유적 표현을 구사(驅使)하고 있다.

＊위의 「시평 노트」는, 종합문예지 《문예한국》 2006년 봄호(통권 106호)에 게재된 것임. 집필한 김원중 씨는 시인이면서 수필가요, 현재 사)한국문인협회 고문, 대구문인협회 고문, 포스텍 명예교수 등으로 활동.

정신다도(精神茶道)

차는 신비로운 존재로서 한국 정신문화의 뿌리다. 예로부터 우리 민족은 뿌리 문화를 소중하게 여겼으며, 정체성과 정통성도 다 뿌리에서 찾았다. 누구나 다수생활(茶修生活)을 통해 차의 경지에 도달할 수 있고, 차문화로 정신문화를 강화할 수 있다.

정신을 중히 여기는 옛 성현들은, 모두 차를 즐겼다. 다도는 정신적 측면에서 심리학[1]에 속한다. 즉 마음을 움직이거나 치유하는 심리 다도라 할 수 있다. 정신을 맑게 하는 모든 분이 마시던 차로, 일명 '신선차·성인차·군자차'라고도 한다.

생각에 사악함이 없다면, 군자라 할 수 있다. 군자는 절개가 높다. 군자는 홀로 있어도 양심을 지키는 법이다. 그래서 군자는 죽는 날까지 크게 웃을 수 있다. 군자는 의지가 강해 정의로써 행동

---

[1] 심리학(心理學)은 인간의 마음 의식과 행동을 연구하는 학문이다. 찻잔에 담긴 마음을 보듯, 차의 음미는 심리적으로 많은 도움이 되고, 치료도 된다. 평소 마음이 막혀 있거나 몸이 피곤하면, 건강에 문제가 생긴다. 우울은 마음이 약하다는 신호이며, 감기는 몸이 허하다는 신호다.

한다. 정의는 올바른 체계를 세워 실천한다. 그리고 군자에겐 정신력이 큰 장점이다. 차인은 정신 수련을 통해 활기차고, 생동감 있는 삶을 살아야 한다.

고래성현구애다(古來聖賢俱愛茶)요, 차여군자성무사(茶如君子性無邪)라. 즉 "옛 성현들이 차를 사랑한 까닭은, 차의 성품이 군자와 같아 삿됨이 없기 때문이다." 이 글은 초의선사(艸衣禪師)가 차를 사랑한 이유를 정의한 말이다. 이처럼 초의선사는 "예로부터 성현들이 차를 사랑했으니, 차는 군자와 같이 성품이 사악하지 않기 때문이다."라고 하였다. 여기서 차는 '군자의 성품'에 비견했다.

차인은 정신 수련을 통해 활기차고, 생동감 있는 삶을 살아야 한다. 삶에도 혼을 담아서 살아야 한다. 그래서 차문화는 삶의 좋은 무기가 되고, 삶과 일상의 지혜가 된다.

차에는 차정신과 차덕과 차복과 차훈과 차송 등이 존재한다. 그리고 차의 덕에는, 칠덕·구덕·십덕이 있으며, 물의 팔덕도 전하고 있다.

- 불가의 차에는 백팔차(百八茶·108차·煩惱茶)가 있다. 번뇌를 소멸하는 차라는 뜻이다. 그리고 다비식 때 쓰는 차를 다비차(茶毘茶·茶毘供養茶)라고 하며, 스님의 열반 때 올리는 차 의식 등이 있다. 또한, 죽은 불자들에게 마지막으로 하는 설법을 시다림(尸茶林·尸茶林法師)이라고 한다. 특히 불교의 차문화는, 속가를 떠나 출가하여 불

문에 들 때 '다게송(茶偈頌)'이 있고, 마지막에 입적할 때 다비장례가 있다. 그래서 불교 행사의 의식에서는 처음부터 마지막까지, 차로 시작해서 차로 끝난다고 할 수 있다. 이처럼 전통 차문화가 불교 발전에 많은 힘을 기울였다.

- 추사 김정희(秋史 金正喜, 1786~1856)는, 1837년 다서인 동다송(東茶頌)을 저술한 초의선사(1786~1866)와 동갑으로, 늘 함께 시문과 다도에 심취한 지기였다. 추사가 휘호로 쓴 다실의 현판인 '죽로지실(竹爐之室)·일로향다실(一爐香茶室)·다로경권(茶爐經卷)' 등의 작품이 오늘날 전해지고 있다. 그리고 추사의 차시 한 구절을 보면, 다반향초(茶半香初) 즉 '차를 반쯤 마셨는데, 향기는 처음과 같다.'라는, 차를 예찬한 글로 유명하다. 아울러 추사의 네 가지 재주를 보면, '詩·書·畵·茶'에 능하다. 그래서 사절(四絶) 작가로 칭송받는, 아주 뛰어난 큰선비이다.

차인 다도(茶人茶道)

　차인은 차와 더불어 사는 사람이다. 그러면서 평생 차와 다도 문화를 고마워하면서, 사랑해야 한다. 이처럼 우리다운 것은 반드시 간직하면서, 평생을 감사하는 마음으로 살아야 하며, 또한 자신에게 더욱더 엄격해져야 한다.

　차인에게 차는 삶과 품격을 비춰주는 거울이다. 살아가며 지켜낼 수 있는 최선의 품격은 정통적 품격을 지키고자 노력하는 자세에 있다. 품위 있는 차인은 옛 가치를 절대 부정하지 않는다. 그리고 차인은 차인답게 차의 길을 스스로 만들어 가는 사람이다. 그래서 차인에게는 차인 다도 문화로 인해 삶의 생동감이 살아 있어야 한다.

　차 인생의 길에서 오르막 내리막의 굴곡은 아무도 모른다. 그러나 낮은 자세로 머리 숙여 소신을 지키면서, 세상과 친하면 차의 훌륭한 명인이 된다. 고로 차인은 늘 열심히 살 뿐이다. 또한, 언제 얻을지, 언제 잃을지, 언제 죽을지도 모르는 것이 우리의 현실적인 삶이다.

　그리고 아무리 길이 멀고 멀어도, 아무리 길이 짧고 짧아도, 그 길이 곧 우리들의 한 평생이요, 일평생이다. 그러므로 차인은 다도로 마음을 정화하고 차 수행으로 성찰하면서 사는 사람이어야 한다.

평소 독서에 빠져 좋은 다서를 읽거나, 아름다운 찻일(茶事)을 할 때처럼, 차를 우리는 순간순간이야말로 훌륭한 경륜 있는 차인을 만든다. 그래서 차인은 늘 차 삼매경이나, 차도서 삼매경에 빠져 있어야 한다. 배움보다 높은 것은 없다. 초심을 잃지 말고 지키자.

- 다신계(茶信契)란, 다산 정약용(茶山 丁若鏞, 1762~1836)에 의해, 1818년 귀양살이에서 풀려나 고향으로 돌아오기 전에, 다산초당에서 제자 18명과 함께 조직한 우리나라 최초의 계모임(차동아리·차회)이다. 계(契)를 위해 제정한 규약이 바로 차신절목(茶信節目)이라 한다. 우리는 여기서 다신계를 통해 사제 간의 정말 돈독한 신의를 엿볼 수 있다.
- 좋은 차인이란, 하루의 시작을 다심으로 하고, 하루의 생활을 차 문화로 채워가며, 하루의 끝마저도 차정신으로 정리하는 것이 바로 좋은 차인이다. ─「유다백송」중에서
- 손아래 차인은 원로 차인의 차정신과 차문화를 높이 받들며, 늘 공경하는 마음을 가지고 잘 따라야 한다. 그래야 차의 길을 가는 자기도, 여러 차인으로부터 존경받을 수 있고, 또한 자기를 잘 따르게도 된다. 그뿐만이 아니라, 문화원 원장이나 다도 사범들은 항상 더 나은 내일을 위해, 연구하고 교육하면서도 헌신적으로 사회생활이나 차생활을 해야 한다.

- 이제 선배라는 말조차 사라질지 모른다. '앞서 경험한 사람'이라는 말이 무색할 만큼, 우리 모두 큰 변화 앞에서 동등한 신인이 될 테니까. —송길영 『시대예보 : 핵 개인의 시대』 중에서
- 고개를 숙이면 부딪치는 법이 없다. —속담 중에서
- 禮意重於山(예의중어산)이요, 師意深於海(사의심어해)라. 예의 뜻이 산보다 무겁고, 스승의 뜻이 바다보다 깊다.

〈혼용무도(昏庸無道)〉

혼용무도란 '세상이 온통 어지럽고, 도리에도 벗어난다'라는 뜻이다. 우리가 조금만 생각해 보면, 세상에는 거짓과 비밀로 가득 차 있다는 것을 알 수 있다. 그래서인지 세상이 늘 불편하게만 굴러간다. 우리 차계에도 가식으로 가득 찬 차인들이 구석구석 많이 있는 것 같다. 사회에는 언제나 좋은 미덕으로 가득해야 살기가 좋다. 그러나 현실은 정상에서도 많이 벗어나 있다. 즉 양심과 법과 인륜의 도리와는 전혀 다르게 움직이는 경우가 많다. 이제 우리도 문화민족답게 차와 차문화를 통해 깊이 성찰하면서, 정진하는 좋은 차인이 되었으면 한다. 그리고 가치 있는 삶은 항상 함께 살아가는 것이 아닐까. 일상생활에서도 차문화와 문화 음료를 즐기면서, 스스로 정신 음료를 통해서 수행하는 차인의 아름다운 미학 사상으로, 하루속히 믿음과 화합과 희망이 살아 있는 멋진 세상을 만드는 데 일조했으면 한다.

취미다도(趣味茶道)

 자신이 평소 생각지도 알지도 못하는 사이 즉 부지불식간에 처음으로 접하는 취미 다도가 어느새 삶의 입문서가 될 수도 있다. 그리고 차를 시작해 보니, 배움이 깊어야만 되겠다는 것도 알 수 있다.
 취미 다도 문화는 나에게 분명 새로운 삶의 길이다. 그리고 고사성어에 석연석복(惜緣惜福)이란 말처럼, 인연을 소중히 하고, 검소하게 생활하며, 복을 길이 누리도록 한다는 의미를 누구보다도 공감한다. 차로 인해 귀한 인연들을 만날 수 있고, 또한 틈만 나면 차 살림을 하면서 살아가는 낙이 생겨서 무척이나 좋다.
 어쨌든, 취미는 자기만의 세계를 가지고, 자기만을 표현하는 것이라고도 할 수 있다. 그래서 일상 속 소소한 낙으로 자리가 잡히고, 정서에도 윤기가 생기는 것 같아서 너무 좋다.
 이처럼 취미 다도 문화를 통해, 차 한잔을 하면서 고요함에 머물수도 있고, 수신을 위한 묵상도 가능하므로 더없이 좋은 것 같다. 나의 취미가 된 다도야말로 인성에 도움되는 것으로, 이것이 나름대로 제일가는 즐거움이요, 또한 검소한 차생활로 만족할 줄 아는 것이 나로서는 제일가는 행복이라고 할 수 있겠다. 차의 세계에서, 차의 아름다움이 낮은 곳에 있듯, 무명 차인의 삶도 항상 하심으로 겸손하게 살아야 함을 깨우친다.

- 인생에서 가장 슬픈 세 가지가 있다. 그것은 바로 "할 수 있는데, 해야 했는데, 꼭 했어야만 하는데"이다. —루이스 E.분
- 차문화 종합행사 한마당에서 '다도 체험관'을 활용한 초심자가, 우리 전통 다도 문화에 첫 경험을 쌓는 경우도 좋을 뿐만 아니라, 젊은이들의 새로운 미래 문화 경험으로, 한 걸음 다가가는 것도 좋은 일이다.
- 차 한잔은 소통과 화합의 출발이다.
- 다도 공부는 천천히 우직하게 해야 한다. 그저 뚜벅뚜벅 조금씩 걸어가야 한다.
- 나를 즐겁게 하려면 취미 생활을 하고, 나를 젊어지게 하려면 운동을 하고, 나를 오래 살게 하려면 많이 웃고, 나를 행복하게 하려면 사랑을 하고, 나를 나답게 하려면 다도 문화생활을 하라. —좋은 말 중에서
- 지금도 몸을 웅크리며 넋 놓고 기다리는 사람들이 있을 것이다. 그러나 기다리기만 하면, 작든 크든 수많은 기회를 놓치게 된다. —서정덕의 『신자산가의 인생 습관』 중에서

〈차마음으로 전하는 깨달음〉

   나의 차인생을 좀 더 의미 있게 하고, 나아가 한국 전통 차문화의 가치를 맛보기 위해 우리의 정통차인 녹빛차의 바다에 깊이 닿아 숨겨진 보물의 실마리를 찾고 싶었다. 그리고 오랜 세월이 지난 그 속에, 민족의 슬기로운 차생활의 지혜와 강인한 정체성이 있음을 깨달았다. 큰 수확이었다. 그래서 더욱 자랑스러운 차문화로 인식하기에 이르렀다. 이제는 수천 년의 차향과 민족의 역사적인 차문화와 또한, 올곧은 차인들의 차 정신을 통해, 다도(茶道)와 다선(茶禪)의 경지를 알아가면서 정말 품위 있게 살아가도록 해야겠다. 이것이 곧 차인으로서 아름답게 생활하는 것이 아니겠는가.

행복 다도(幸福茶道)

　행복 다도 문화란, 차인이 '다안지심(茶安之心)'을 얻는 차생활 정신문화를 말한다. 다안지심은 차생활 수행 문화로써 차로 마음을 편안하게 한다는 뜻이다. 그래서 차인은 일평생 차심을 가꾸며, 차안지심을 얻는 차 수행자라 할 수 있다.

　사람이 언제나 편안함을 추구하면 권태가 밀려오고, 편리함을 추구하면 무서운 나태가 생긴다. 그러나 반대로 인생을 아름답게 사는 것을 추구하고, 보람 있게 사는 것을 갈망하면, 누구에게나 늘 행복이 따라온다. 마음의 크기에 따라 천하가 달라진다. 차는 차인의 일상생활과 차마음을 정말 평안하게 하는 충분한 에너지가 있다고 하겠다.

　차인은 행복한 세상을 꿈꾸며, 차 시간을 가지는 즐거운 사람이다. 즉 차 시간이 즐거우면, 이 시간이 즐겁고, 이 시간이 즐거우면 현재가 즐겁고, 현재가 즐거우면 차인의 삶이 행복하다고 했다.

　그리고 사람이 살아가면서 최고의 자산은 좋은 사람과의 바람직한 관계다. 그래서 좋은 만남은 서로를 행복하게 만든다. 또한 인생이 내 마음대로 안 될 때는, 마음속의 집착과 마음속의 욕심이나 욕망을 내려놓는 방하착(放下著)을 하고, 아울러 천천히 차 한잔을 우리는 끽다유 시간을 만들어, 녹빛차 한 잔에 마음을 담아 여유 있게 음미해 보자.

- '따뜻한 차 한잔, 차 한잔의 따뜻함'—너무 뜨거워서 다른 사람이 부담스러워하지도 않고, 너무 차가워서 다른 사람이 상처받지도 않는 온도를 '따뜻함'이라고 한다. —정여민 『마음의 온도는 몇 도일까요』에서
- 행복한 삶을 위해 차는 나의 소중한 동반자다.
- 차의 의미를 다심에 담아 둔 차인은 행복하다. —차샘 「유다백송」에서
- 어떤 분야에서든 숙달의 경지에 이르는 요령을 한 번 터득하면, 낯선 일에도 자신감을 가지고 임할 수 있으며, 결국 성공으로 이어진다. —사이토 다카시의 『인류의 조건』 중에서
- 차인은 차 수행을 통해 창의적 자기 혁신이 필요하다. 그리고 몸과 정신을 좀 더 깊이 고양하기 위해, 내 안의 새로운 이야기를 만나 보도록 하자. 그리고 마음이 힘들 때는 조금도 지체하지 말고, 다도 성찰을 거듭해서 차향이 곧 삶의 향기가 되도록 힘써야겠다.

〈차문화를 통한 실천덕목〉

차문화를 통해

더 좋은 삶을 추구
더 행복한 삶을 추구
더 멋있는 삶을 추구
더 여유로운 삶을 추구
더 풍요로운 삶을 추구
더 아름다운 삶을 추구
더 보람 있는 삶을 추구
더 가치 있는 삶을 추구해야 한다.

—차샘의 어록 중에서

〈우리 차문화〉

가까운 듯 먼 차인들이
차문화 속에 무수히 많다.
지나치게 외국의 차만을 선호하는
차 마니아도 곳곳에 너무나 많다.

한국 차인으로서 좋은 차인은 과연 어떤 차인일까.
오늘도 진정한 차인을 생각하며
밝게 알고 올바르게 행하는 차인이 되고 싶다.
정말이지 제대로 된 차인이고 싶다.
일상 속 건전한 차인생을 살아가고 싶다.

인류를 널리 이롭게 하는
민족 유산인 우리의 정통차를
여유롭고 자유롭게 우려 음미하고 싶다.

한국 차인은 누가 뭐래도
한국차와 우리 차생활로 먼저 무장을 해야 하고
뭐니뭐니해도 국산 차로써 멋을 부려야 보기도 좋다.
이런 훌륭한 차인이라면 무조건 존경해도 될 것만 같다.
우리 차를 가까이하여
변함없는 전통 차문화를 끊임없이 빛내고 보존하자.

예부터 우리 차가 세계적으로 손색이 없다고 했다.
이제라도
우리의 민족 차에 모두가 긍지를 갖고 무진장 사랑하자.

- 성격은 얼굴에서 나타나고, 본심은 태도에서 나타나며, 감정은 음성에서 나타난다. 그리고 센스는 옷차림에서 나타나고, 청결함은 머리카락에서 나타나며, 섹시함은 옷맵시에서 나타난다. 나아가 사랑은 이 모든 것에서 나타난다. 또한 몸은 낮출수록 겸손해진다. 즐겁고 밝게 사는 것보다, 더 좋고 멋있는 것은 없다. 지금부터라도 부정적인 일들은 모두 지우며 살아가자. 이것이 곧 진정한 '행복'이 아니겠는가. —노승현 「지금에서야 알 수 있는 것들」

〈다덕(茶德)의 힘〉

우리가 살아가면서, 때론 많은 것이 필요하다. 그리고 살다 보면, 다양한 느낌들이 주마등같이 절로 스쳐 지나가기도 한다. 어쨌든, 이 모든 일 중에서도 심신의 건강을 위해, 삶에 위로가 필요하고, 생활에 최고 보약이 되는 행복도 요구되는 것이 아닐까. 차인에겐 차 시간이 곧 건강을 만들고, 위로와 행복과 희망을 만드는 시간이 되므로, 천만다행이라는 생각마저 든다. 나에겐 이것이 다덕의 힘이라 믿고 있으며, 매일매일 차가 있는 현재가 더없이 고마울 뿐이다.

—《홍익덕보》중에서

홍익 미학 다도(弘益美學茶道)

　홍익 미학 다도 문화란, 민족 고유의 신비로운 전통을 통해 사람의 건강을 이롭게 하고, 또한 순수 심미학으로써, 자연과 예술의 미적 현상을 인간의 생활 미학으로 접목한 문화를 말한다. 그리고 홍익 미학 다도 문화야말로, 인류의 아름다운 생활과 차 문화생활에 많은 도움을 주는 효용 문화요, 나아가 기여 문화라고도 한다.

　우리에게 참으로 유익하고 좋은 차문화를 특별히 잘 익히고, 나아가서 홍익 민족의 홍익정신으로 타인에게도 많이 베풀 수 있는, 차 활동에 모두 노력해야만 될 것 같다. 그리고 차인은 행다에서나 언행에서도 늘 무게가 느껴져야만 한다.

　이처럼 홍익정신을 잘 배양하여 널리 인간세계를 위한, 우리의 우수한 차를 연구하고 교육해서 대한민국 차문화를 제대로 알리고, 또한 한국의 차를 이끌어 갈 인재를 양성할 뿐 아니라, 차문화와 다도 문화로 좋은 차인이나 혹은, 차의 명가로써 차인지가(茶人之家) 등을 많이 만들어야 한다. 그리고 차의 기본이며, 차의 대명사인 녹빛차를 앞세우고, 또한 홍익인간의 미학이 담긴, 멋있고 매력

있는 우리 차문화를 자랑스럽게 파급시키도록 하자.

누구든지 차 공부를 제대로 해서, 차 세계의 내면을 알아가면 알아갈수록 더욱 눈부신 한국 차문화라는 것을 알 수 있다. 한마디로 감동적인 녹빛 세상의 차문화이다. 우리에게 홍익인간의 삶을 더없이 멋지게 만들어 주는, 고유의 정통 차문화를 꾸준히 발굴하고, 나아가 연구와 개발에 힘쓰도록 노력하자.

우리의 위대한 차와 차문화를 알게 모르게 다중들에게 체계적으로 교육하는, 전국의 차 행사나 차 교실도 날로 번지는 실정이다. 어쨌든, 우리의 전통 차 교육을 하는 곳은 모두가 세계적이고 독보적인 성역이며, 우리 차의 위대함을 알리는 좋은 차문화 산실들이라 하겠다.

〈차의 매력 찾기〉

차의 매력은 아주 가까운 곳에 있다. 알고 보면, 차생활 속에 고스란히 담겨 있다. 차문화를 새롭게 보거나 깊이 있게 접근하면 누구나 찾을 수 있다. 그런데 일상적인 인식만으로 보거나 가볍게 생각한다면, 차의 본질이나 차의 보물인 매력은 좀처럼 찾기가 어렵다.

평소 차를 통해 좀 더 순수해지고 싶거나, 차를 통한 차 정신으로 심신을 정화하고 싶을 때, 삶 속에 차문화가 있을 수 있는 것과 마찬가지다. 그렇지 않으면 차 공부나 차 생활을 쉽게 떠날 수밖에 없다. 그런 도중하차는 참으로 안타까운 일이 아닐 수 없다. 차에 입문했다면, 무조건 끝까지 가보아야 한다. 즉 초심을 잃지 않고 꾸준히 실천하도록 힘써야 한다. 그렇게 차로 정진을 하다가 보면, 자연스럽게 차의 매력이 다가오거나 발견될 수 있고, 또한 유종의 미를 거둘 수도 있다. 그 시간까지 기다리거나 참아내지 못하고 조급해하거나, 혹은 나와는 정서가 맞지 않다고 서둘러 판단한다면, 어쩔 수 없이 차의 곁을 떠날 수밖에 없다. 이러한 경우라면 대개 머리가 좋은 것이 아니라 잔머리를 굴리는 사람이거나, 지나치게 욕심을 부리며 억지로 하려는 사람에게 잘 나타난다. 이런 상황이라면 차의 속멋이나 차의 진정한 진미를 느낄 수 없어 돌아선다고 보아야 한다. 차의 영묘함이란, 쉽게 노출되지 않는다. 진실하고 절실한 경우에만 가능할 수 있다.

예부터 차는 아무나 하는 것이 아니었다. 사람의 마음을 움직일 수 있는 사람들이 적임자다. 그래서 아무나 접근하면 오히려 차문화의 큰 공해가 된다. 사람에 따라 잔꾀를 잘 부리는 사람, 기본이나 인격이 안 되어 있는 사람, 의무감, 책임감, 사명감이 부족한 사람은 차와 차문화는 정말 안 맞다. 결국 차의 속멋이나 차의 깊은 매력을 찾지 못하면서, 차에 대한 열정이나 차와 인생을 함께한다는 것은 매우 곤란하지 않겠는가. 어쨌든, 몸과 정신을 평온하게 만드는 차 수행, 그것에 마음을 붙이며 살아가는 사람이 곧 차인이다. 대단한 차복이나 차덕은 크게 소리쳐 부르는 차 애호가나 차인에게만 찾아간다고 할 수 있을 것 같다.

화랑다도(花郞茶道)

　화랑의 교육 덕목에 산천유오(山川遊娛)를 통한 차생활로 호연지기(浩然之氣)를 기르며, 인간의 아름다운 품성을 위한 인간애와 나라를 사랑하는 애국심 배양을 위한 교육이 있다.
　신라 제26대 진평왕[1] 때 짓고, 고승인 원광법사[2]의 도움으로 화랑의 계율인 '세속오계'[3] 정신을 익혀, 위급한 국난이 닥치면 죽음

---

[1] 진평왕(眞平王, ?~632)은, 신라 제26대 왕(재위 579~632)이며, 불교 발전에 힘을 기울였다.

[2] 원광법사(圓光法師, 542~640)는, 신라의 승려로서, 법도가 아주 높았으며, 격조 높은 차 생활을 했다고 전한다.

[3] 세속오계(世俗五戒)란, 신라 진평왕 때 지은 화랑의 계율로써, 사군이충(事君以忠) / 사친이효(事親以孝) / 교우이신(交友以信) / 임전무태(臨戰無退) / 살생유택(殺生有擇)의 다섯 가지이다. '다섯 가지의 의미'를 보면, 하나, 사군이충이란, 임금을 섬김에 충성으로써 한다. 둘, 사친이효란, 어버이를 섬김에 효도로써 한다. 셋, 교우이신이란, 벗을 사귐에 믿음으로써 해야 한다. 넷, 임전무퇴란, 전장에 임하여 물러나지 않는다. 다섯, 살생유택이란, 살생을 하는 데는 가림이 있어야 한다.
화랑도(花郞徒)는 화랑의 무리를 말하고, 화랑도(花郞道)는 삼덕·삼교·오계를 신조로 하는 화랑의 도리를 말한다. 서로 한자가 다름에 주의를 해야 한다.

으로써 보국(報國·忠誠)을 잊지 않았다. 강원도 한송정과 경포대는 우리나라에서 가장 오래된 신라 화랑의 차 유적지다. 화랑들은 화랑 다도에 의한 정신 수양을 목표로 꾸준한 차생활을 했다.

또한, 화랑은 화랑의 기개(氣槪)를 길러야 했다. 화랑으로서 '기상과 꿋꿋한 절개'를 익힘으로써, 용맹한 기개가 대단했다. 우리 차인들도 화랑의 훌륭한 기개를 따라갈 수 있었으면 좋겠다. 그리고 화랑도(花郎徒)들은 타인의 기준에 타협하지 않는 떳떳한 삶을 살았다.

- 옛말에, 죽음에는 태산보다 높은 가치가 있는 죽음이 있고, 깃털보다 가볍고 작은 죽음도 있다고 했다.

〈나의 차정신(茶精神)〉

다도정심(茶道正心)·끽다정심(喫茶正心)
차 공부란, 어제보다 오늘 그리고 미래인 내일을 향하여 조금 더 단단해진 나를 만들어 가려는 간절함이다. 여기서 간절함은 스스로 부끄럽지 않기 위한 간절함을 의미한다. 그래서 차인은 늘 일상을 돌아보며 노력했던 소소한 많은 과정이 하나 둘 쌓인 끝에 비로소 내가 더 단단하게 태어난다는 것을 잘 알아야 한다. 또한 나답게 살기 위해서는 마지막까지 마음을 지켜내야만 하는데, 이것이 곧 내 인생에서, 내 삶에서 가장 중요한 것이다.

돌이켜보면, 우리의 옛 선비 중에서 퇴계(退溪)와 다산(茶山)이 마지막까지 붙들었던 책, 그리고 마지막까지 놓지 않고 공부에 매진하고 중시한 책이 심경(心經)이다. 이 심경은 송나라 주자(朱子, 1130~1200)의 제자인 진덕수(眞德秀, 1178~1235)가 편찬한 마음 다스리는 최고의 경전이다.

우리의 삶에서 내 것이지만 내 마음대로 할 수 없는 마음, 내 마음을 나도 모르겠다. 그래서 다산이 마주했던 마지막 삶의 주제가 바로 마음이다. 다산은 "스스로 마음 다스리는 공부를 완성해야 한다."라고 강조했다. 그런가 하면, 유학자인 맹자(孟子, 기원전 372~289)도 "배움이란 잃어버린 마음을 찾는 과정이다. 즉 학문이란 잃어버린 마음을 찾는 데 있다."라고 하였다. 이것은 맹자의 명언으로써 '구방심(求放心)'이라 한다.

그리고 언제나 마음을 다스리는 것은, 달아난 마음을 찾아내 마음을 지키는 것이요, 내 마음을 일상생활에서 바로 세우는 것이다. 특히 차심(茶心)이 있는 차인이라면, 차 한잔을 통한 차 사랑과 차 수련으로 품위 있게 살아가도록 힘써야겠다.

일찍이 차 마음으로, 심혈을 기울이고 심사숙고(深思熟考)한 끝에 비로소 내 나름의 차 정신인 '다도정심·끽다정심'이라는 차어(茶語)를 늘 마음속에 깊이 새기면서, 차생활을 올바르게 하고자 노력하고 있다.

- 환생어다욕(患生於多慾)이요, 도생어안정(道生於安靜)이라. 즉 근심은 욕심이 많은 데서 생기고, 지혜는 고요히 생각하는 데서 생긴다. —『명심보감』에서

〈차를 사랑하면 번뇌에서 벗어난 삶이 된다〉

삶에서 갖게 되는 경험이나, 유익한 문화 체험이나, 양서를 선택한 독서하기나, 혹은 좋아하는 물건이나, 취미·여행 등을 통해서 얻은 산지식들은 소중하게 간직하면서 살아가는 편이다. 반대로 애쓰지 않고 그냥 얻어지거나 우연스럽게 얻어지는 것이 있다면, 별로 소용 가치가 없기도 하거니와 오래오래 자기 것이 되지 못한다.

누구나 알겠지만 뿌린 대로 거둔다는 말이 있다. 노력하지 않고, 힘들이지 않고, 대가를 치르지 않고선, 정말 귀한 것을 얻을 수 없기 때문이다. 또한, 쉽게 얻어지는 것은 그만큼 마음이 덜 가기 마련이다. 그래서 온 정성을 다 기울여 얻은 것은, 두고두고 쓸 가치가 있다. 하물며 자기가 신중하게 선택한 배움의 경험은, 머지않아 자기 인생을 환하게 물들임과 동시에, 자신도 모르게 시나브로 되어 바뀌게 된다. 무엇이든 절실하고 간절해야 얻을 수 있다. 그러

기 위해서는 제대로 미(美)쳐야 자기의 위대한 꽃, 즉 세계일화(世界一花)를 피울 수 있다.

　조선 후기 대차사(大茶士)인 추사는 '사람은 모름지기 인품이 바로 서야만 옳은 사람이 된다.'라고 했다. 필자도 평소 추사 선생의 충언을 가슴 깊이 새기면서 '차인의 방향을 잃지 않기 위해, 늘 차가 차샘화 되기를 염원하면서 다도와 차문화를 가까이 해 왔다.' 차인이 녹빛차를 통한 차 수행으로 인품을 바로 세우는 차 생활이야말로 가장 순수하고 값진 행복이며, 넉넉하면서도 아름다운 차 마음이 아닐까. 이제라도 좋은 욕심은 충욕(充慾)으로 기르고, 나쁜 욕심은 모두 과감하게 버려야만 한다.

　요즘처럼 코로나가 만연하는 시기에 혼차(獨茶) 시간은, 혼자가 혼자에게, 자기가 자기에게, 스스로 자신을 대접하는 귀한 차시간(茶時間)이다. 나 혼자일 때 오히려 오감·오미를 더 잘 느낄 수 있고, 조용한 가운데 명상을 통해 독특한 도의 경지에 도달함은 물론이거니와, 선(禪)이 전하는 깨달음의 세계에도 감히 다가갈 수 있으리라 믿어 의심치 않는다.

효도다도(孝道茶道)

효도다도는 주로 어린이를 대상으로 하지만, 때론 미성년자를 포함한 차와 예절 문화로써, 보급되어 발전해 가고 있다. 대표적인 차 행사로 어르신(부모)이나 스승님께 올리는 차 의식이 그것이다. 또한, 제자가 존경의 마음을 담아 스승님께 가르침을 받을 수 있게 허락을 구하는 예절인 '속수례(束脩禮)' 다도 문화도 예외가 아니다.

예부터 효도 다도는, 부모와 자식 관계에서 이루어지는 차 문화로써, 한 뿌리 전통문화에 해당하지만, 이것을 세분해서 본다면, 결국은 '효심 다도'와 '효행 다도'로 크게 나눌 수 있다.

통일신라 때 연기조사(緣起祖師, 554년?)의 경우를 보면, 전남 구례 화엄사 경내에 '찻잔을 받쳐 든 석등'이 있다.

국가 문화재인 화엄사 사사자삼층석탑(국보 제35호) 앞의 차를 공양하는 석등은 연기조사가 평소 어머님을 지극정성으로 모시고, 수행 생활을 남달리 하면서도 늘 부처님과 어머님께 차 공양을 올렸다.

그래서 연기조사의 차 공양은 효를 올바르게 실천한 '효행차·효

행다도'의 시조라고 감히 말할 수 있다.

신라시대 고운 최치원(孤雲 崔致遠, 857~?) 선생의 경우를 보면, 어린 나이인데도 일찍이 중국 유학 시절을 보내면서, 학문에 많은 정진을 하였다. 특히 먼 타국 생활에서 고국을 그리며 「비 오는 가을밤(燈前萬里心)」이란 한시를 읊었다.

항상 멀리 계시는 부모님을 위해 편지글과 귀한 차를 잊지 않고 보냈다. 그리고 유불선에 통달하고, 또한 신라차의 달인이며, 다선(茶仙)이요, '효심차·효심다도'의 시조이다.

고운 선생은 햇차를 보내옴에 대한 감사를 드리는 글인 '사신다장(謝新茶狀)' 등이 오늘날까지 전해지고 있다.

- 삼지지례(三枝之禮·三枝禮)란, 비둘기는 어미 비둘기가 앉은 가지에서 셋째 가지 아래에 앉는다는 뜻이다. 이 말은 곧 '사람은 마땅히 부모를 공경해야 함'을 이르는 말이다. 즉 비둘기도 예의를 지키는데 사람이 어찌 예의를 안 지킬 수 있겠느냐는 충언(忠言)이다.
- 반포지효(反哺之孝)란, 자식이 자라서, 어버이가 길러준 은혜에 보답하는 효성을 나타낸 말이다. 반포조(反哺鳥)란, 반포하는 새로서 까마귀를 말한다.
- 오조사정(烏鳥私情)이란, 까마귀가 길러준 어미에게 은혜를 갚는 마음. 즉 자식이 부모에게 효도를 다 하고자 하는 마음을 이르는 말이다.

- 노이무원(勞而無怨)이란, 효자는 부모를 위한 고생에 대해 원망하지 않는다.
- 백골난망(白骨難忘)이란, 죽어 백골이 되어도 깊은 은덕(恩德)을 잊을 수 없다.
- 감탄고토(甘呑苦吐)란, 달면 삼키고 쓰면 뱉는다는 뜻. 즉 사리에 옳고 그름에 관계없이, 제 비위에 맞으면 좋아하고 안 맞으면 싫어한다는 말.

〈茶詩―茶를 하면서〉

가슴 속 고인 물로 찻물을 끓인다.
이내 무거운 다심(茶心)을 우려
지친 일상을 조금씩 적시니
하찮은 외로움도 한때뿐이고
번뇌마저도 잠시 머무는 것을
차를 통해 얻는다.

고요함 속
숨 고른 감식으로
찻잔 깊숙이 들여다본다.

곡우 무렵의 일창이기(一槍二旗)는
임종 끝에서 다시
생명으로 탄생한다.

한때 차나무 성지에 머문 고운(孤雲)
차 한 잔이면 마음 지혜가
밝아진다고 설파한 당신
신라차 다성(茶聖)답게
차수(茶修)를 화두로 다그친다.

문득 내 안의 굵은 뼈들이
깊은 성찰로 다가온다.
홀로인 밤에는 더욱 실감한다.

■ 시평 노트

 요즘처럼 폭염이 기승을 부리고, 코로나가 우리 생활에 걸림돌이 되어 정상적인 생활을 할 수 없을 때는, 조용히 차 한 잔을 앞에 두고 명상을 하는 것도 좋은 피서법이다. 시인은 청년기부터 지리산을 오르내리며, 차에 대한 많은 관심을 쏟아 스스로 연구하고, 차 공부를 열심히 한 분으로, 지금은 한국홍익차문화원을 운영하는 차문화의 대가이시다.

일창이기(一槍二旗)란, 새봄에 처음으로 갓 돋아난 날카로운 창처럼 생긴 새순과, 그 밑으로 하늘하늘하고 부드러운 아직 다 자라지 않은 어린잎, 그리고 그 아래로 적당히 자라 잘 펴진 잎이 있다. 이 녀석들이 한통속으로 한 몸을 이루고 있는데, 이것을 통째로 따는 것과는 차별화된다. 이런 독특한 방법은 한국식 전통 수제 덖음차의 삼요소(三要素)로 만들어 내는데, 아주 중요한 과정이다. 차의 삼요소란, 세 가지 특성인 '향(香)·색(色)·미(味)'를 말한다.

한편 시인은 "가슴 속 고인 물로 다심을 우려서 외로움을 달래고 번뇌를 이기는 힘"을 갖고 있다. 차 한잔에 마음 지혜가 밝아진다고 하였다. 이것으로 인해 자신을 성찰하고 돌아보게 하는 힘이야말로, 복잡한 현대를 살아가는 해법이 아닐까. 외래문화인 커피에 밀려 자꾸 서양화되는 우리 고유의 차문화가 더욱 활성화되길 바라면서, 조용히 이 시를 다시 읽어 보면, 그저 마음이 맑아지는 느낌이다. 차 한잔을 마시는 것보다 더 가슴이 뻥 뚫리는 기분이다.

—시인 공영구, 전 대구문인협회장

*2022년 8월호《대구유림회보》에 게재됨.

심화반 차 수업을 마치면서

　한국홍익다도대학원 심화 과정에 참여한 다도 사범 여러분! 그동안 긴 시간을 통해 너무나 수고가 많았습니다. 특히, 하반기 교육과정에서는 홍익다도의 정신과 한국차의 자존심과 차문화의 정수인 '녹빛차 문화'를 주제로 한 『녹차록(綠茶錄)』을 수학함으로써, 보다 유익한 시간이 되었는지 잘 모르겠습니다.

　어쨌든, 의미 있는 멋진 추억들을 차 마음에 고이 간직하겠습니다. 평소 나라를 사랑하고, 자신을 사랑하고, 차를 몹시 사랑하는 다반님! 그간 녹빛차가 주는 선물을 통해, 하나된 마음으로 지칠 줄도 모르면서 많은 협조에 깊이 감사합니다.

　홍익 다반(茶伴)님! 앞으로도 끊임없이 차 정진을 통해, 자신이 더욱 아름답게 빛나도록 노력하십시오. 아무쪼록 늘 건강과 차복과 차덕과 행복이 가내에 함께하길 기원합니다.

弘益齋에서 차샘 崔正秀 茶拜

저자의 주요 경력

연보(年譜)로 보는, 차샘 최정수 차사(茶士)의 삶

성명 : 최정수(崔正秀), 대구 출생, 아호 : 구산(丘山), 차호(茶號) : 차샘

- 1970년 다도 문화와 난(蘭) 문화 연구 보급.
- 1970년 첫 시집 『열일곱 개의 변신』 발행.
- 1976년 대구광역시 수성구 능인고등학교 국어 교사 역임. 교직 생활 21년, 고교생 '유다회' 운영. 『능인육십년사(能仁六十年史)』 참조.
- 1982년 대구 MBC TV '토요일에 만납시다' 다도 명인으로 출연(11월 27일).
- 1982년 대구 〈매일신문〉 교양 교실란에 '분재 가꾸기' 13회 연재. 한국분재협회 대구지부 '난' 분과위원장 역임.
- 1984년 대구중등교원사진연구회 창립, 초대 회장 및 2대 회장 역임.
- 1985년 대구광역시 중등교원 다도연구회 초대 회장 역임.
- 1986년 대구광역시 영남차회 초대 회장 역임.
- 1987년 한국 최초 차노래 「헌다송·유다송」 발표 및 보급.
- 1987년 제6차 지도력개발부문 대구청년대상 수상(상패 및 상금 포함). 사)한국청년회의소 대구지구 주최. 대구문화 10월호 소개, 장소, 대구 어린이대공원꾀꼬리극장.
- 1988년 차어(茶語) 제창 '끽다유(喫茶遊)' 발표.

- 1988년 대구광역시 중등문예연구회 3대 회장 역임.
- 1989년 '차문화 연구가' 활동.
- 1989년 〈매일신문〉 명사 칼럼 「매일춘추(每日春秋)」 필진으로 참여, 2개월 연재.
- 1991년 구산전통문화연구원 운영. 《다중(茶衆)》 발간 등.
- 1991년 대구광역시 MBC TV 추석 특집프로그램 '다례(茶禮)'편 출연, 생방송 토크쇼 55분 방영(9월 19일).
- 1992년 한국 「차문화 헌장」 선포 및 '고운 최치원(孤雲 崔致遠) 표준 차인상(茶人像)' 제정—헌장 및 고운 차인상 배포.
- 1992년 대구 KBS1 TV 향토 기적 「최정수 씨의 차인 일기(茶人日記)」 다큐멘터리 1시간 방영(10월 23일).
- 1995년 대구난우회 제9대 회장 역임. 대구난협회 운영위원 및 편집위원장 역임.
- 1996년 한국 차학회 이사 역임.
- 1996년 대구 MBC TV 교실 '최정수 씨의 茶 이야기' 연속 3회 출연.
- 1998년 사)우리차문화연합회 창립(초대 상근이사 역임).
- 1999년 대구광역시 운경건강대학 '차문화학과 건강학' 특강. 1999년~2019년까지 17년 겸임교수, 매년 170명~230명 수강.
- 2000년 한국홍익차문화원·연구원·교육원 및 홍익다도대학원 설립. 한국 '홍익다도' 창시자(과정별 '다법(茶法)·이론·다학(茶學)'을 정립하여 다도 교육으로 인재 양성 및 차문화 보급). 초대 원장 및 초대 이사장 23년 역임. 현, 명예 원장 겸 상임 지도고문.
- 2001년 대구광역시 '체험상품 개발계획'에 한국홍익차문화원이 협력 단

체로 지정됨. 4개국 국어로 리플릿 제작 배포(주무과 대구 관광과), 본원이 '전통 다도 체험기관'으로 지정되어 운영.
- 2002년 〈영남일보〉 차문화 특집 기사 '차샘 인터뷰' 게재(4월 25일).
- 2002년 '끽다래'를 선포하신 다성(茶星) 금당 최규용(錦堂 崔圭用) 선생 백수(百壽)로 4월 5일 타계, 다비장례위원으로 참가, 5일장 거행, 차인 최초 사리 36과 수습 봉안. 부산 구덕문화공원 내(內) 추모관 및 기념 차비(茶碑) '끽다래(喫茶來)' 건립, 금당 추모문집 발간(2019, 차샘의 추모사와 헌시 게재). 추모기념사업회 자문위원 역임.
- 2004년 부산 '임진동래의총' 매월 '헌공다례제' 거행(부산 동래구청에 공문으로 허락받고서, 매달 의식 거행. 2013년 2월 17일. 100회 헌다를 모두 마침). 의총 언저리에 차나무 이식.
- 2005년 수성문화원 자문위원 역임. 제1회 대구광역시 수성구 수성문화원 주최. '수성문화의 날' 기념 문화인상 수상(2006년 11월 16일). 《수성문화》 가을호(통권 4호) 문화 칼럼에 차샘의 「차를 통한 수행」 게재.
- 2006년 종합문예지 《문예한국》 시문학 부문에 「차 한잔」 외 4편을 통해 신인상 수상으로 문단에 등단. 사)한국문인협회, 대구문인협회, 일일문학회 회원. 시인·문인 다도가(文人茶道家)·한국 제1호 차문화 시인(詩人)으로 활동.
- 2006년 대구 KBS1 TV '토요 아침마당' 50분 출연(10월 21일 방영)
- 2006년 제1회 부산국제차문화대전 추진위원 및 총괄 위원장 역임(심사위원장·홍보위원장 포함). 명사 초청 차샘 특강(50분). 장소 : 부산 백스코 본 무대(행사 기간 6월 14일~18일).
- 2007년 대구광역시 교육청 주관, 특수 고등학교 『다도 교과서』 감수 및

심사협의회 위원장 역임.

- 2007년 제1회 대구국제차문화축제(홍익명선다도) 발표, 대구 엑스코에서 차행사, 차샘 추진위원장 역임(팸플릿 초대의 글 게재), 대구차문화축제위원회 및 사)학전차학술문화협회 주최(5월 25일~27일)
- 2007년 일본인 대구광역시 관광유치, 3박4일 코스, 대구방문 8회(여덟팀 다녀감). 홍익 다도 시연 및 차 시음회 개최. 장소 : 대구 수봉정사(문씨 세거지), 대구광역시 관광과 후원.
- 2010년 서울 명지대학교 산업대학원 '차생활 문화사' 강의.
- 2012년 한국 근·현대 1세대 원로 선비차인[茶士]으로 선정─한국의 근현대『차인 열전』에 수록(김태연 지음, 이른아침 출판)
- 2012년 한국차박물관 주최, 한국차를 빛낸 근·현대 1세대 작고 차인 유품 및 1세대 원로 차인 소장품 기획 전시실 개관─'차샘 최정수 원로 다사(茶士)'의 애장품 기증 다기 영구 전시(5월 18일 개관식, 보성군 소재)
- 2013년 한국차문화산업진흥법 국회 통과를 위한 대구·경북 추진 위원장 역임. 국회 차 진흥법 제정.
- 2015년 〈매일신문〉 전면 기사 인터뷰 내용 게재(7월 4일).
- 2016년 사)한국차중앙협의회 이사 역임
- 2017년 〈대구신문〉 전면 기사 특집 인터뷰 게재(4월 5일).
- 2017년 두 번째 시집으로 차문화 시집『차 한잔』발행. 출판기념차회 개최
- 2017년 마음에 새기고 싶은 차명구(茶名句)─365일 하루 한 가지씩 읽는 차 문장(文章) 수진본『다훈집(茶訓集)』발행. 다서(茶書) 봉정식 거행.
- 2018년 대구 MBC TV '생방송 시시각각'에 출연(4월 25일)
- 2019년 인터넷 네이버 〈통불교신문〉 차샘의 '차인단상' 기획연재.

- 2019년 차샘 차력(차령) 제50주년 기념 진다례 거행. 차전문 월간지 《차의 세계》 3월호 인터뷰 게재.
- 2019년 중국 난징(南京) 초청 한국홍익명선다도 시연(장소 : 牛首山 불정궁)
- 2019년 사)학전차학술문화협회 주최 학전차학술문화상 수상(상패와 상금 포함)
- 2019년 한국홍익차문화원에서 최초 '차 달력' 제작 배부.
- 2021년 대구경북 인명사전 『每日名鑑』에 수록. 매일신문사 발행.
- 2022년 한국홍익차문화원·연구원·교육원·다도대학원을 2000년 설립, 2022년까지 '다도·예절·인성' 전문 교육원을 통해, 제39회까지 다도 사범 배출. 12월 후계자 전수식 거행. 대표 전수자 다안 박옥순 사범, 다미 이재윤 사범. 홍익원장 이취임식 거행(초대 원장 차샘 최정수 다사(茶士), 제2대 다안 박옥순 원장), 차 전문지 《차의 세계》 12월 호에 내용 게재.
- 2022년 『한국문학인대사전』 차샘 시인 등재. 한국작가협회 발행.
- 2023년 사)국제문화예술명인명장회 주최, '국제 1호 다도 명장' 자격에 따른, 인증식 거행. 인증번호 제23-2302-01호. 국제 다도 지도자 자격증 취득(7월 11일).
- 2023년 한국녹빛차문화진흥원 발족(현, 초대 원장)
- 2024년 사)한국문인협회 시분과 사화집, 차시(茶詩) 「새봄에」 수록.
- 2024년 한국 녹빛차(녹차) 다도 문화를 정립한 원로 학인(學人).
- 2024년 한국사이버문예협회 회원·본 협회에서, 차샘의 차시(茶詩) 「차 한 잔」과 「차사랑」을 차노래로 만듦, 노래는 AI 콘텐츠 제작으로 보급. —차시 「새봄에」 작품을 IT 동영상으로 만들어 유튜브에 보급함. 동영상에는, 차시 낭송 이영희·영상 이인기, 시간 소요 2:48초.

- 2024년 차샘의 다서(茶書) 『녹차 문화를 말한다』 발간, 도서출판 그루 발행. 출판기념차회 개최.

〈참고 사항〉

그 외 국내외 각종 차행사 개최 및 참여, 차나무(茶樹) 보급, 각종 수상, 추진위원장, 심사위원장, 대회장, 수석 고문 역임 등. 영호남 교류 차회를 비롯하여, 한국차를 빛내기 위한 각종 차행사 주최 및 주관. 행다 발표, 추모 헌다례 및 차유적지 답사, 끽다유(喫茶遊) 차회 및 달빛 차회 개최, 차 암기송 대회, 차계와 다중(茶衆)을 위한 차문화 저서 다수 겸 신문·방송기획연재와 차 전문지 연재 주간 등. 문인다도가와 차연구가로서 차 전문 월간지 《차의 세계》에 '헌시, 차시, 차 논단, 차 칼럼, 차 단상, 기고문' 등을 꾸준히 발표. 한국 민족 유산이며, 무형문화재 겸 정신문화인 다도 보급과 후진 양성을 목적으로 차력(茶歷·茶齡) 반세기가 넘도록 차 교육에 힘씀.

녹차 문화학 · 녹빛차 인문학

녹차 문화를 말한다
ⓒ 최정수, 2024

초판 1쇄 발행 2024년 9월 12일

지은이　최정수
펴낸이　이은재
펴낸곳　도서출판 그루

출판등록 1983. 3. 26(제1-61호)
주소　　42452 대구광역시 남구 큰골 3길 30
전화　　053-253-7872
팩스　　053-257-7884
전자우편 guroo@guroo.co.kr

ISBN 978-89-8069-510-2

* 이 책은 저작권법에 의해 보호받는 저작물이므로 무단 전재와 무단 복제를 금하며 이 책 내용의 전부 또는 일부를 이용하시려면 반드시 저작권자와 도서출판 그루에 서면 동의를 받아야 합니다.
* 잘못된 책은 구입하신 곳에서 바꿔 드립니다.
* 책값은 뒤표지에 있습니다.